Alice et le robot

Caroline Quine

Alice et le robot

Traduit de l'américain par Anne Joba
Illustrations de Philippe Daure

HACHETTE
Jeunesse

Série *Alice* dans la Bibliothèque Verte

Alice et la soucoupe volante
Alice et le mauvais présage
Alice et le secret du parchemin
Alice et les trois clefs
Alice et la poupée indienne
Alice en Écosse
Alice et les plumes de paon
Alice et la diligence
Alice écuyère
Alice et le cheval volé
Alice et la statue qui parle
Alice au bal masqué
Alice chez les stars
Alice et la mémoire perdue
Alice et le valet de pique
Alice et le pickpocket
Alice et la malle mystérieuse
Alice et le fantôme de la crique
Alice au canyon des brumes
Alice et le secret de la vieille dentelle
Alice et les quatre tableaux
Alice et le tigre de jade
Alice millionnaire
Alice au manoir hanté
Alice en Arizona
Alice et les félins
Alice et la pantoufle d'hermine
Alice et les collectionneurs
Alice et le mystère du lac Tahoé
Alice et la tanière des ours
Alice et la gazelle verte
Alice et le carnet vert
Alice à Venise
Alice et les quatre mariages
Alice et le robot

L'édition originale de ce roman
a paru en langue anglaise
chez Grosset & Dunlap, Inc., New York,
sous le titre :
THE CROOKED BANISTER

Hachette Livre, 43, quai de Grenelle, 75015 Paris

1
Une architecture imprévue

« Alice, as-tu des projets pour les jours qui viennent ? demanda James Roy à sa fille en la voyant entrer au salon.

— Non, rien de précis », répondit la jeune fille.

Elle rejeta en arrière ses cheveux blonds et s'assit sur le divan, près de son père.

« Aurais-tu une mission à me confier ? dit-elle, les yeux brillant de plaisir à cette perspective. Un mystère à élucider, par exemple ? »

Bel homme, distingué, sportif, M. Roy était l'avocat le plus renommé de River City. Sa réputation dépassait largement les limites de la ville.

« Tu as deviné juste, répondit-il en riant. Il s'agit plus ou moins d'un mystère. M. et Mme Melwyn, mes clients, viennent d'être victimes d'un escroc, un certain Robert Banister, de Seyton Hill. Ils m'ont demandé de me rendre sur les lieux et de déposer une plainte contre lui. Il aurait été arrêté par la police locale à la suite d'une affaire analogue.

— Est-il en prison ? » demanda Alice.

Son père secoua la tête.

« Non, il vient d'être libéré sous caution.

— Et, si je ne me trompe pas, tu as besoin de mon aide. Seras-tu obligé de rester quelques jours à Seyton Hill ?

— Oui. Et je souhaite ta compagnie. Tu ne regretteras pas d'être venue quand tu verras l'invraisemblable demeure de Robert Banister. Il en a lui-même dessiné les plans.

— Et qu'a-t-elle de si extraordinaire ?

— Tout. Construite en plein bois, au sommet d'une colline déserte, elle est entourée de fossés…

— Comme un château fort ?

— Oui, et les gens du pays prétendent que, parfois, l'eau de ces fossés prend feu. »

Alice sursauta et, se jetant au cou de son père, s'écria :

« C'est incroyable ! Il faut que j'aille voir cela de près ! Quand partons-nous ?

— Demain matin, aussitôt après le petit déjeuner. »

Alice monta en courant dans sa chambre pour préparer sa valise. Puis elle descendit à la cuisine aider Sarah.

C'était, après son père, la personne qu'Alice aimait le plus au monde. Cette femme, bonne et douce, lui avait servi de mère depuis la mort de Mme Roy.

En entendant le pas d'Alice, Sarah leva la tête.

« Ton père m'a annoncé votre départ. Sois prudente, ma chérie. Tu te lances toujours tête baissée dans des aventures dangereuses. »

Alice sourit.

« Je serai aussi sage que possible », promit-elle.

Elle raconta ensuite à Sarah le peu qu'elle connaissait de l'affaire.

Le lendemain matin, Alice et son père montèrent dans le cabriolet bleu, offert par M. Roy à sa fille. L'avocat arrêta la voiture devant une maison blanche et descendit vivement pour saluer Mme Melwyn qui les attendait en bas du perron. C'était une très jolie femme, âgée d'environ quarante ans.

M. Roy lui présenta Alice et conseilla à ses deux passagères de s'installer sur la banquette arrière.

« Vous pourrez ainsi bavarder à votre aise avec ma fille, madame, et lui exposer toute l'affaire. »

Mme Melwyn commença aussitôt son récit : un homme, faisant bonne impression, s'était présenté sous le nom de George Ryder et leur avait vendu, à son mari et à elle, un terrain dans l'Arizona. Or ce fameux terrain se trouvait situé dans la réserve indienne !

« Nous avons commis l'imprudence de ne consulter que les fascicules qu'il nous avait apportés. On y voyait de ravissantes maisons avec des massifs de fleurs et des buissons. Par la suite, mon mari a été appelé à se rendre à Flagstaff, dans l'Arizona, et il a voulu jeter un coup d'œil sur notre nouveau domaine. C'est ainsi qu'il a découvert l'escroquerie. »

Alice regarda la jeune femme avec surprise.

« Je ne comprends pas. Vous m'avez dit que cet homme s'appelait George Ryder.

N'est-ce pas contre Robert Banister que vous voulez porter plainte ?

— Si, si ! Attendez la suite ! Quand mon mari a essayé de le retrouver, George Ryder avait disparu. L'adresse qu'il nous avait donnée était fausse, personne ne le connaissait. Or, récemment, j'ai vu son portrait dans un journal local, avec son vrai nom : Robert Banister. Il venait d'être arrêté pour escroquerie.

— Mais n'a-t-il pas été remis en liberté sous caution ?

— Oui, répondit Mme Melwyn. C'est pourquoi nous avons décidé, votre père et moi, d'aller le surprendre chez lui. Nous le confondrons pièces en main.

— Et nous lui réclamerons le remboursement de la somme versée », ajouta M. Roy.

Deux heures plus tard, les trois voyageurs entraient dans Seyton Hill. C'était un charmant bourg, traversé par une large rue bordée de boutiques. M. Roy demanda à un agent de police le chemin du manoir Banister. L'agent parut surpris mais ne posa pas de question et indiqua la route à suivre.

Après avoir roulé dans la campagne, M. Roy prit une route en lacet puis s'engagea dans une allée, marquée « chemin privé », qui s'élevait en pente raide au milieu des buissons. Soudain, entre les arbres, la maison apparut.

« Quel endroit bizarre et inquiétant ! s'exclama Mme Melwyn.

— Étrange construction ! » ajouta Alice.

La demeure, de dimensions imposantes, était bâtie en grosses pierres disposées sans aucune symétrie. Les murs étaient obliques, ou présentaient des saillies surprenantes. Trois cheminées semblaient tituber sur les toits. Au centre, s'élevait une tour surmontée d'un lanterneau percé de fenêtres.

M. Roy arrêta la voiture sur une sorte de terre-plein que barrait un fossé. Les visiteurs descendirent et franchirent une étroite passerelle de fer démunie de garde-fou. Entre le fossé et la maison s'étendait une pelouse mal entretenue avec des buis taillés par un jardinier atteint de démence. Leurs formes géométriques et irrégulières avaient quelque chose de grotesque et de sinistre.

« Si l'intérieur du manoir est aussi saugrenu que l'extérieur, cela promet », remarqua Mme Melwyn.

Ils s'avancèrent jusqu'à la porte d'entrée,

en bois de chêne. M. Roy souleva un lourd heurtoir, en cuivre terni, et le laissa retomber.

Presque aussitôt une voix se fit entendre :

« M. Banister n'est pas chez lui. Repassez un autre jour. »

Le message fut répété. Alice en conclut que c'était une bande enregistrée.

« Il ne nous reste plus qu'à obtempérer à cette injonction », dit M. Roy en faisant la grimace.

Très déçus, l'avocat, sa fille et Mme Melwyn s'éloignèrent. En traversant la passerelle, Alice regarda l'eau qui, disait-on, prenait feu.

« En tout cas, un tel phénomène n'aurait rien de surprenant dans un endroit aussi bizarre ! » songea la jeune fille.

À l'entrée du bourg, l'avocat s'arrêta devant un motel et demanda s'il y avait des chambres disponibles. Quelques minutes plus tard, un chasseur conduisait les Roy et Mme Melwyn en haut d'un escalier et les faisait passer sur une galerie extérieure. Il ouvrit les portes des trois chambres qui leur avaient été attribuées et qui, toutes, donnaient sur le parking.

« Rendez-vous à treize heures dans le hall, dit M. Roy. Je repars tout de suite, j'ai une démarche à accomplir. »

Après avoir retiré quelques effets de leurs valises, Mme Melwyn et Alice descendirent au rez-de-chaussée. Elles se promenèrent autour du motel, admirant les parterres de fleurs. Quand elles revinrent dans le hall, M. Roy s'y trouvait déjà. Alice remarqua aussitôt son air soucieux.

« Papa, aurais-tu des ennuis ? » demanda-t-elle.

Son père hocha la tête.

« Je viens de m'entretenir avec le réceptionniste. Il paraît que Robert Banister a quitté Seyton Hill malgré l'interdiction formelle du juge.

— Que dites-vous ? s'écria Mme Melwyn. Mais alors nous sommes venus ici pour rien !

— Peut-être pas, répondit l'avocat. J'ai appris que sa soeur, Mme Carrier, habitait ici.

— Elle doit savoir où est son frère, intervint Alice.

— C'est peu probable, dit M. Roy. Selon mes renseignements, son autre frère Thomas et elle auraient versé l'argent de la caution.

— Les malheureux ! s'exclama Mme Melwyn.

— Allons déjeuner, proposa M. Roy. Il se fait tard, le restaurant ne va pas tarder à fermer. »

La conversation ne fut pas très animée. Les trois convives avaient peine à surmonter leur déception.

« Crois-tu que nous puissions nous introduire dans la maison ? demanda soudain Alice à son père.

— Espérons-le, répondit M. Roy. Ce serait le plus sûr moyen de recueillir un indice susceptible de nous lancer sur les traces de son propriétaire. »

M. Roy téléphona à Mme Carrier qui le pria de venir chez elle, dans la soirée, avec Alice et Mme Melwyn.

« Je préfère ne pas discuter par téléphone, dit-elle.

— Je vous comprends, répondit M. Roy. Pourriez-vous nous recevoir à six heures ?

— Oui, cela me convient parfaitement. À ce soir, monsieur. »

Ponctuels, Mme Melwyn et les Roy sonnaient à six heures chez Mme Carrier. Une femme petite, assez corpulente, au visage très doux, leur ouvrit. Elle les invita à entrer au salon. Tout à coup, à la stupeur d'Alice et son père, elle s'écria :

« Rose Johnson ! »

Les deux femmes s'embrassèrent.

Mme Melwyn se tourna vers les Roy et les présenta à son ancienne camarade de classe.

« Nous nous étions complètement perdues de vue », expliqua-t-elle.

Mme Carrier serra la main d'Alice et de son père.

« Je suis désolée que, Rose et moi, nous nous retrouvions dans d'aussi pénibles circonstances », murmura-t-elle.

M. Roy avait redouté que Mme Carrier ne se tînt sur ses gardes, car il n'aurait alors pas tiré grand-chose de cette visite. Il fut heureusement détrompé. Elle parla librement :

« Robert n'a cessé de créer des problèmes à notre famille, dit-elle. Que de fois nous avons dû le tirer de fâcheuses situations ! Il y a quelques jours, la police l'a arrêté et le juge d'instruction l'a inculpé d'escroquerie. Mon frère Thomas et moi, nous avons versé la caution exigée pour sa mise en liberté. Nous allons tout perdre. Robert le sait, comme il sait que je ne suis pas riche... Cela ne l'a pas empêché de disparaître. Nous n'avons pas la moindre idée du lieu où il se trouve. Il ne nous tenait pas au courant de ses projets. »

Mme Carrier ajouta que, selon elle, son frère n'avait aucunement l'intention de revenir.

« Il m'a fait porter une lettre et la clef de sa maison. Nous n'y sommes jamais allés. Il ne nous invitait pas.

— Cette lettre contient-elle quelque détail que vous préférez ne pas révéler ? demanda Alice.

— Oh ! non, répondit Mme Carrier. Voici ce qu'il a écrit :

« Je vous mets tous au défi de me retrouver. Pardonnez-moi d'avoir couvert de honte la famille. Je te confie ma maison. »

Se tournant vers Mme Melwyn, elle ajouta :

« Nous vous rembourserons jusqu'au dernier centime l'argent qu'il vous a soutiré. »

Sans laisser le temps à son amie de protester, elle changea le sujet de la conversation.

« Aimeriez-vous visiter la maison de Robert demain, dans la matinée ? proposa-t-elle.

— Oh ! oui », s'empressa de répondre Alice.

Il fut décidé que les Roy et Mme Melwyn passeraient chercher Mme Carrier vers dix heures. La fatigue, visible sur les traits de leur hôtesse, incita l'avocat à prendre congé sans tarder.

Au moment où ils remontaient en voiture, ils entendirent les sirènes des pompiers. Arrivés près du motel, ils poussèrent une exclamation de stupeur.

« Il y a le feu ! s'écria Mme Melwyn. La fumée sort de nos chambres ! »

M. Roy voulut se garer au parking, mais des policiers l'en empêchèrent. Il expliqua qu'il était un client et craignait que sa chambre ne fût la proie des flammes.

« Je suis désolé, monsieur, dit fermement un officier de police, je ne peux pas vous autoriser à aller plus loin. »

Les pompiers avaient déjà mis leurs lances en action. Alice s'étonnait que seules leurs trois chambres eussent pris feu alors que les autres étaient, semblait-il, épargnées.

« Il ne va plus rien rester de nos valises ! dit-elle, navrée.

— Il y a plus grave, ajouta sombrement son père. Les copies de l'acte de vente et les autres documents à l'appui de notre plainte contre Robert Banister sont dans ma serviette de cuir. Quelle imprudence de l'avoir laissée dans ma chambre ! »

Mme Melwyn étouffa un cri.

« Et les originaux sont dans mes bagages ! »

2

Le robot

« Il est peut-être encore temps de sauver ces papiers ! » s'écria Alice.

Elle courut à un pompier et le pria de sortir, si possible, les valises et les serviettes. Il secoua la tête.

« Il ne doit plus rester grand-chose, dit-il après avoir hésité un moment. Bah ! L'incendie est maîtrisé, je vais demander au capitaine de vous autoriser à pénétrer dans vos chambres. »

Il leva la tête vers la galerie et fit part de la requête d'Alice. Le capitaine jeta un coup d'œil à l'intérieur des pièces et répondit :

« Tout danger est écarté. Mais l'eau a causé beaucoup de dégâts. »

Mme Melwyn et les Roy entrèrent d'abord dans la chambre de James Roy.

« Ma serviette de cuir a disparu ! » s'écria l'avocat.

Mme Melwyn se précipita dans sa chambre, et Alice dans la sienne où un spectacle affligeant l'attendait : sa valise était grande ouverte et tous ses vêtements, y compris ceux qu'elle avait pendus dans le placard, étaient trempés.

« Quel gâchis ! » murmura-t-elle.

À ce moment, Mme Melwyn la rejoignit, le visage livide.

« Les documents relatifs à la vente du terrain ont disparu. On les a volés ! » dit-elle.

Le capitaine des pompiers regarda les trois voyageurs puis appela un inspecteur de police.

« Cet incendie m'a paru suspect dès le début, lui dit-il. Pour renforcer cette conviction, voilà que les trois personnes présentes affirment avoir été victimes de vol. Plus aucun doute : un malfaiteur a allumé les foyers d'incendie. »

Alice et son père échangèrent un regard interrogateur. Un même soupçon se formait dans leur esprit.

L'inspecteur demanda :

« Vous connaissez-vous des ennemis ?

— Non, que je sache, répondit M. Roy. Cependant les documents contenus dans ma serviette concernent une affaire dont je m'occupe actuellement.

— Mon père est avocat », crut bon de préciser Alice.

L'inspecteur ne posa pas d'autres questions. Il écrivit le nom et l'adresse de M. Roy sur son carnet, pour le cas où il aurait besoin de se mettre en rapport avec lui. Après le départ des pompiers, le gérant du motel conduisit ses clients à des chambres situées dans un autre bâtiment. M. Roy, sa fille et Mme Melwyn se retrouvèrent ensuite au salon pour discuter des événements.

« Je soupçonne Robert Banister d'avoir volé les papiers et mis le feu à nos chambres pour effacer toute trace du vol », dit Mme Melwyn.

Alice partageait son opinion. M. Roy penchait pour une autre hypothèse :

« Il se peut qu'il en ait chargé un complice », dit-il.

Au bout de quelques minutes, Mme Melwyn se rappela que son déshabillé et sa chemise de nuit avaient été la proie des flammes. Elle s'inquiéta de savoir si une boutique était ouverte malgré l'heure tardive. Alice alla poser la question au réceptionniste.

« Dans le haut de la grand-rue, lui dit-il, il y a un drugstore assez bien fourni. C'est là que les jeunes se donnent rendez-vous. Il ne ferme pas avant minuit. »

Alice remercia l'employé et rejoignit son père et Mme Melwyn. Ils se rendirent à pied au drugstore.

De retour au motel, Mme Melwyn annonça son intention de se coucher. Les émotions l'avaient fatiguée. Alice décida d'aller jeter un coup d'œil à leurs anciennes chambres.

« Je voudrais les inspecter à fond. Qui sait si je ne découvrirai pas un indice ? » déclara-t-elle.

Son père l'accompagna.

En entrant dans la pièce qu'occupait M. Roy avant l'incendie, ils trouvèrent un inspecteur de police.

« J'ai relevé diverses empreintes, leur dit-il. Toutefois, je doute qu'elles présentent un intérêt quelconque. Il y a tant de clients qui passent ici... »

Alice et M. Roy firent le tour de la pièce,

fouillant tous les recoins, sans succès. Pas la moindre trace du voleur. La jeune fille sortit de la pièce et s'approcha de la balustrade pour regarder dehors. Tout à coup, elle sentit quelque chose sous sa chaussure. Elle se baissa et ramassa une allumette en cire à moitié consumée.

Alice la montra à son père.

« Je parie que le voleur incendiaire s'est servi d'allumettes comme celle-ci, dit-elle.

— C'est vraisemblable, approuva M. Roy.

— Quand nous visiterons la maison de Robert Banister, je chercherai des allumettes de cire. Si nous en trouvons du même modèle, ce pourrait être la preuve qu'il est venu ici. »

Elle eut peine à attendre le lendemain, tant elle était impatiente de se mettre à l'œuvre...

Le lendemain matin, quand Alice, son père et Mme Melwyn arrivèrent chez Mme Carrier, ils la trouvèrent dans un état de grande agitation. Par un ami journaliste, elle venait d'apprendre l'incendie survenu au motel et le vol des documents.

« J'ai compris aussitôt que c'était ceux que vous déteniez. Ne me dites rien, je sais que vous soupçonnez mon frère d'avoir mis le feu. Oh ! c'est affreux d'avoir dans sa propre famille un être capable de pareilles actions ! »

Elle leva vers M. Roy et Alice un regard implorant.

« La police n'a pas découvert la moindre trace de Robert. Aidez-moi, je vous en prie, à le retrouver. J'ai si peur que, sous un autre nom, il ne commette de nouvelles escroqueries ! »

Des larmes coulaient sur le visage de la pauvre femme.

Mme Melwyn lui passa un bras autour des épaules.

« Je vous en prie, cessez de vous tourmenter. Allons voir la maison de votre frère. Il se peut que nous fassions ainsi avancer l'enquête. »

Ils se mirent aussitôt en route et bientôt parvinrent à destination. Comme tout paraissait calme et paisible sur cette colline ! Au soleil, la maison elle-même perdait son aspect inquiétant.

Mme Carrier sortit une clef de son sac à main, l'introduisit dans la serrure, la tourna et la lourde porte s'ouvrit. Le vestibule était plongé dans l'obscurité mais la lumière du jour entra un peu avec les visiteurs.

« Oh ! Qu'est-ce que c'est ? » s'écria Mme Melwyn en reculant.

Un étrange bourdonnement venait de rompre le silence. L'instant d'après, une bizarre silhouette métallique traversa le vestibule et disparut. Au bout de deux minutes, elle passa à nouveau devant eux.

« C'est un robot ! s'exclama Alice. Il garde sans doute la maison. »

Les visiteurs hésitèrent. Était-il prudent d'avancer ? Mais le robot poussa, au fond du vestibule, une porte tournante qui se referma sur lui.

Alice ne comprenait pas pourquoi la bande enregistrée n'avait pas fonctionné comme la première fois.

« C'est le heurtoir qui doit la mettre en marche », conclut-elle.

Elle le souleva et le laissa retomber. Rien.

« De plus en plus étrange ! » murmura-t-elle.

Juste à ce moment, le robot réapparut. Alice constata qu'il était monté sur roulettes. Il s'arrêta près d'une colonne oblique, au sommet de laquelle était posé un ancien fanal de diligence.

D'une main, il l'alluma puis, se dirigeant vers la porte d'entrée, il appuya sur un interrupteur : au milieu du plafond un lustre s'éclaira — ou plutôt le singulier assemblage qui en tenait lieu.

« Oh ! fit Mme Carrier. Ce robot me fait peur. »

M. Roy sourit.

« Il a l'air inoffensif », dit-il.

Mme Melwyn tendit la main vers le grand escalier. C'était la construction la plus fantastique qu'on pût imaginer. Il se tordait sur lui-même littéralement toutes les quatre ou cinq marches. Les contremarches, elles-mêmes, n'étaient pas droites ; certaines s'inclinaient en avant, d'autres en arrière.

Sur le côté gauche, la rampe se terminait par un très beau pilastre. L'autre rampe s'enfonçait dans le mur à environ un mètre du sol. L'ensemble donnait au vestibule un aspect de déséquilibre.

« Dans quel but votre frère a-t-il dessiné un plan aussi peu conforme aux normes habituelles ? demanda M. Roy à Mme Carrier.

— Je n'en ai pas la moindre idée, répondit-elle. Quand il était enfant, Robert s'amusait à créer des ensembles bizarres, d'abord avec des cubes puis avec son Meccano. Il édifiait des maisons, des ponts, des voitures, des avions aux formes surprenantes. »

M. Roy inclina la tête.

« Je comprends. Cette maison représente en quelque sorte le rêve de votre frère.

— Sans doute, acquiesça Mme Carrier. Sa plus grande joie était d'assembler des éléments à la limite du déséquilibre. »

Alice contempla l'escalier un long moment.

« Je n'oserais pas me laisser glisser sur cette rampe, dit-elle en souriant.

— À votre place, je ne m'y risquerais certainement pas », déclara Mme Melwyn.

Les murs du vestibule étaient recouverts d'un papier à fleurs or et noir. Au-dessus de la rampe droite, une tapisserie orientale était accrochée. Les visiteurs s'en approchèrent et l'examinèrent avec surprise.

« Un, deux, trois, quatre, cinq, six, sept serpents, compta Alice, tous entrelacés. Quel air vorace ils ont !

— Oui, approuva M. Roy. Regardez ! Ils dévorent une nourriture empoisonnée : des fleurs, d'autres serpents. Je reconnais cette plante, c'est la dangereuse belladone.

— Ce serpent est un mocassin d'eau, très venimeux, je crois », dit Alice.

Comme elle achevait ces mots, une explosion

déchira l'air. Elle s'était produite de l'autre côté de la porte tournante.

« Qu'est-ce que c'est ? » s'écria Mme Melwyn en pâlissant.

Ils demeurèrent immobiles. Que faire ? S'ils se précipitaient pour voir, ne tomberaient-ils pas dans un piège ?

3

Une surprenante victime

Les visiteurs se décidèrent enfin à aller voir ce qui s'était passé… mais avec prudence. M. Roy marchait en tête. Il ouvrit lentement la porte et jeta un coup d'œil.

« Rien à craindre, je crois », dit-il.

Et il fit signe aux autres de le suivre.

Ils se trouvaient dans une vaste cuisine ; au centre du dallage gisait le robot, la tête arrachée !

« Seigneur ! s'exclama Mme Melwyn. Il est… mort ? »

M. Roy eut un sourire amusé.

« Du moins, il est décapité, répondit-il,

mais le reste de son corps n'est pas pour autant sans danger.

— Que voulez-vous dire ? fit Mme Carrier, surprise.

— J'avoue ne pas connaître en détail le fonctionnement des robots, dit M. Roy, toutefois je suppose que celui-ci fonctionne à l'électricité. Mieux vaut donc s'abstenir d'y toucher.

— Assurons-nous-en tout de suite », suggéra Alice.

Elle fouilla dans les divers tiroirs et trouva enfin ce qu'elle cherchait : une longue cuiller en bois.

« Parfait, approuva James Roy. Le bois est un isolant. Nous saurons si notre ami est inoffensif. »

Il plongea le manche dans le cou du robot.

« Voilà une bande magnétique », annonça-t-il.

Un examen plus poussé révéla les nombreux fils, manettes et poulies installés dans les bras et les jambes du robot.

« De toute évidence, dit Alice, il était conçu pour accomplir certains gestes, comme par exemple chasser les visiteurs. »

Mme Melwyn semblait déconcertée.

« Mais s'il n'y a personne ici, comment a-t-il été mis en marche ? demanda-t-elle.

— Sans être sûr de ma réponse, dit James Roy, je crois que certains robots sont actionnés par la chaleur, celle que dégage un corps humain suffit parfois. D'autres réagissent aux bruits. Dans le cas présent, ce serait le bruit.

— Vous voulez dire, intervint Mme Carrier, que, lorsque nous sommes entrés dans la maison, nos voix ont mis le robot en marche ?

— C'est possible », répondit M. Roy.

Alice sortit une torche électrique de son sac à main et dirigea la lumière vers l'intérieur du corps.

« Plusieurs fils sont sectionnés, annonça-t-elle. Nous pouvons le toucher sans risque. Je pense que nous devrions le réparer car, si j'en crois mon intuition, il joue un rôle important dans notre mystère. »

Elle ouvrit plusieurs tiroirs et revint avec des bandes magnétiques portant des chiffres et des lettres. Puis, s'adressant à Mme Carrier, elle demanda :

« Y a-t-il en ville un bon électricien, capable de réparer le robot ? »

Plusieurs secondes s'écoulèrent. Enfin Mme Carrier répondit :

« Je répugne à l'idée d'amener des étrangers ici. Toutefois si vous croyez vraiment que le robot peut nous mettre sur la piste de mon frère, j'y consens. Il y a un très bon électricien à Seyton Hill. Je prendrai rendez-vous avec lui. »

Alice la remercia et suggéra ensuite d'inspecter à fond l'étrange demeure. La cuisine, équipée d'appareils ultramodernes, s'ouvrait sur l'extérieur par une porte fermée au moyen d'un verrou de sûreté.

« J'espère que ce manoir ne nous réserve pas d'autres émotions », dit Mme Melwyn.

À gauche du grand vestibule, dans une sorte de renfoncement, se trouvait la salle à manger, avec des meubles rustiques, tous symétriques. Aux murs étaient accrochés des tableaux représentant d'effarantes créatures aquatiques, certaines munies de tentacules menaçants.

Le salon était de l'autre côté. Son ameublement, moderne, comportait une grande bibliothèque couvrant le mur commun avec le hall.

Alice et Mme Melwyn furent prises d'un fou rire en montant l'escalier en zigzag.

« On a l'impression de gravir un sentier de haute montagne », dit Mme Melwyn.

Les chambres à coucher étaient confortables mais décorées de figurines en argent massif aussi bizarres qu'inquiétantes. Dans la pièce où Robert devait apparemment dormir, le lit se soulevait au centre en un angle aigu.

« Sally, comment diable ton frère se couchait-il ? Les jambes par-dessus cet obstacle ? demanda Mme Melwyn, intriguée.

— Voilà une question à laquelle je ne saurais répondre », dit Mme Carrier.

Alice examina le lit et découvrit qu'une commande électrique permettait de modifier la position du matelas. Elle appuya sur un bouton : le matelas s'abaissa jusqu'à s'aplatir complètement.

« Ce doit être plus confortable ainsi », déclara Mme Carrier.

Tandis que son père, Mme Carrier et Mme Melwyn s'attardaient à contempler les eaux-fortes qui décoraient les murs, Alice alla droit à la cheminée. Des cendres et des bûches noircies étaient restées dans l'âtre.

Sur le rebord du foyer, une boîte en cuivre attira le regard de la jeune fille. Elle leva le couvercle et retint avec peine une exclamation.

À l'intérieur, il y avait une douzaine d'allumettes en cire semblables à celle qu'elle avait ramassée sur le balcon du motel.

Ne voulant pas inquiéter Mme Carrier, Alice s'approcha de son père, le prit par la main et, discrètement, le conduisit vers la boîte de cuivre. Puis elle rejoignit les deux femmes.

Après avoir soulevé à son tour le couvercle, M. Roy échangea avec sa fille un regard furtif.

Quelques minutes plus tard, Mme Carrier et Mme Melwyn quittaient la pièce et descendaient l'escalier. Les Roy restèrent seuls. Ils en profitèrent aussitôt pour parler des allumettes de cire.

« Elles constituent une présomption, déclara M. Roy. Personnellement ma conviction est faite : c'est Robert qui a allumé les trois foyers d'incendie et volé les documents.

— Pour en être plus sûre encore, dit Alice, je vais emporter une de ces allumettes et la comparer avec celle que j'ai rangée dans un tiroir, au motel. »

Ensemble, ils rejoignirent Mme Melwyn et Mme Carrier au pied de l'escalier.

« Cela m'ennuie de laisser la maison sans surveillance, dit Mme Carrier. Elle contient des œuvres d'art et des pièces d'argenterie de grande valeur. Que me conseillez-vous de faire, monsieur ? »

L'avocat lui suggéra d'engager un gardien. Ils cherchèrent dans un annuaire de téléphone, rangé dans la cuisine, l'adresse d'un bureau de placement.

Tout en formant le numéro sur le cadran, Mme Carrier fixait d'un œil craintif le robot sans tête.

« Ce bonhomme me donne le frisson ! dit-elle. Allô ! L'agence Frolic ?

— Oui, ici Frank Toppler. »

Mme Carrier expliqua qu'elle désirait engager un gardien pour surveiller nuit et jour le manoir de Robert Banister.

« Je vous rappelle d'ici quelques minutes, répondit M. Toppler, dès que j'aurai pris contact avec deux ou trois gardiens inscrits sur nos listes. »

Une demi-heure plus tard, le téléphone sonnait :

« Je suis désolé, madame, dit M. Toppler, il m'est impossible de vous fournir un gardien. Vous n'êtes pas sans connaître la fâcheuse réputation de cette maison. "Fût-ce pour un million de dollars, je n'irais pas chez Banister", telle a été la réponse unanime que j'ai reçue. Je n'y peux rien, madame. Au revoir. »

Il raccrocha.

Quand Mme Carrier eut répété ces paroles, Alice sourit.

« Inutile de vous tourmenter, madame, dit-elle. Si les gardiens ont peur de pénétrer ici, les voleurs ne s'y risqueront pas non plus.

— Espérons que l'avenir vous donnera raison, fit Mme Carrier avec un soupir. Et maintenant, je vous propose de repartir. Je me sens très lasse. »

Les Roy et Mme Melwyn acquiescèrent. Mme Carrier referma la porte d'entrée, donna deux tours de clef et monta en voiture.

En route, l'avocat annonça :

« Mme Melwyn et moi, nous partons aussitôt après le déjeuner. »

Quelle déception pour Alice ! Être mêlée à

un mystère passionnant et devoir renoncer à l'élucider. À sa vive surprise, M. Roy ajouta :

« Alice, consentirais-tu à rester à Seyton Hill ? J'aimerais que tu suives les développements de cette affaire. »

Les yeux de la jeune détective s'éclairèrent.

« Oh ! papa, comme tu es gentil ! Rien ne saurait me faire plus de plaisir. Je te promets de me montrer à la hauteur de…

— Tout beau, mademoiselle, coupa M. Roy, j'y mets une condition…

— Laquelle ?

— Tu vas téléphoner à tes amies Bess et Marion et leur demander de te rejoindre. Dans le cas où elles en seraient empêchées, tu rentreras avec nous à River City. »

Bess Taylor et Marion Webb étaient cousines germaines, amies inséparables d'Alice. Elles s'étaient montrées d'une aide précieuse au cours des nombreuses aventures dans lesquelles Alice les avait entraînées.

Après avoir déposé Mme Carrier chez elle, les Roy et Mme Melwyn retournèrent au motel. Alice téléphona aussitôt à Marion et lui demanda si Bess et elle pourraient la rejoindre à Seyton Hill et y séjourner quelques jours. Brièvement, elle exposa la situation :

« Si vous pouvez venir, soyez assez gentilles pour prier Sarah de vous remettre une valise pour moi avec quelques vêtements. Je n'ai emporté ici que le strict nécessaire. »

Marion le lui promit et s'engagea à la rappeler dès qu'elle aurait parlé à Bess et à ses parents.

Au cours du déjeuner, Alice reçut la réponse : Marion et Bess arriveraient vers cinq heures. Un de leurs amis s'était offert à les conduire en voiture.

Alice s'empressa d'annoncer la bonne nouvelle à son père.

M. Roy et Mme Melwyn avaient décidé de prendre un car partant à trois heures. Alice les conduisit à la gare de départ et alla ensuite faire le tour des magasins. On peut être détective et coquette.

Elle se rendit ensuite au commissariat de police, puis à la caserne des pompiers pour s'informer si l'on avait retrouvé la piste de Robert Banister ou de l'homme qui avait mis le feu au motel. Elle ne recueillit que des réponses négatives.

En sortant de la caserne, elle consulta sa

montre. Il lui restait encore une heure avant l'arrivée de Bess et de Marion. Pour tromper son impatience, elle poursuivit sa promenade.

Alors qu'elle contemplait la vitrine d'une galerie de peinture, une voix l'interpella : « Bonjour, Alice Roy ! »

Se retournant, elle se trouva nez à nez avec un inconnu : grand, mince, le visage anguleux, âgé d'environ trente ans.

« Je parie que vous ne vous souvenez pas de moi, dit-il d'un ton enjoué. Je vous ai rencontrée à l'université d'Emerson, où j'enseignais. Ronald Muir, ce nom ne vous dit rien ? »

Alice ne le reconnaissait pas du tout. Emerson était l'université que fréquentait son ami Ned Nickerson ; elle y avait assisté à maintes compétitions sportives et à de nombreuses soirées. Elle s'efforça de se rappeler cet homme, mais n'y réussit pas.

« Êtes-vous toujours à l'Université ? demanda-t-elle poliment.

— Non.

— Que faites-vous ?

— Je m'occupe de recueillir des fonds pour des œuvres humanitaires. Vous ne manquerez pas d'être intéressée par celle qui m'amène dans cette ville. »

Plus l'homme parlait, plus il paraissait suspect à la jeune fille. Elle résolut de se débarrasser de lui sans tarder.

4
Le démarcheur importun

Déterminée à mettre fin à la conversation, Alice se détourna à demi et déclara :

« Veuillez m'excuser, il faut que je rentre. J'attends des amies d'une minute à l'autre. »

L'espoir d'être libérée de l'importun s'évanouit. Sans autre cérémonie, il la prit par le bras et, avec un sourire déplaisant, répondit :

« Permettez-moi de vous accompagner. Je suis si content de vous avoir revue. »

Ne voulant pas se faire remarquer dans la rue, Alice fit contre mauvaise fortune bon cœur. Mais elle dégagea son bras. Quand ils furent arrivés au motel, l'impudent personnage entra résolument à sa suite dans le hall.

« Quelle bonne idée ! On sert le thé. Si nous en buvions une tasse ensemble ? Allons à cette table. J'aimerais vous entretenir de l'œuvre dont je m'occupe. Avez-vous déjà pénétré dans une réserve indienne ?

— Oui.

— Vous n'êtes pas alors sans savoir que la plupart des Indiens vivent chichement du produit de leurs fermes et que leurs enfants manquent à peu près de tout. »

Certes le sort injuste des Indiens ne laissait pas Alice insensible, mais l'homme l'exaspérait de plus en plus. Au moment où elle parvenait à la conclusion que la seule façon de s'en débarrasser était de le planter là et de monter à sa chambre, il fit signe à la serveuse et commanda deux thés et des gâteaux. Alice rougit de colère. Craignant une fois de plus d'attirer l'attention, elle s'assit à contrecœur.

Dépitée, elle regarda de nouveau son bracelet-montre. Si seulement Bess et Marion pouvaient la délivrer ! Hélas ! Il n'était que quatre heures et demie.

« Ma compassion pour ces malheureux enfants, poursuivait M. Muir, s'est éveillée au cours d'un récent voyage que j'ai effectué dans l'Ouest. Les pauvres petits ont besoin de tout : des habits, des livres, des jeux et même des aliments. »

Il sortit une brochure de sa poche. De nombreuses photos illustraient la détresse, la pauvreté des Indiens. Ces images déprimantes émurent Alice, mais elle ne dit rien. Ronald Muir continuait à discourir sans paraître remarquer la froideur de la jeune fille. Enfin, à son vif soulagement, elle vit Bess et Marion franchir la porte d'entrée.

« Veuillez m'excuser, monsieur, dit Alice en se levant d'un bond, voici mes amies. »

Elle courut à la rencontre des deux cousines et les embrassa. Bess était une jolie blonde, un peu rondelette, très féminine ; Marion, mince, sportive, avait une allure décidée, un visage ouvert. Brune, les cheveux coupés très court, elle était aussi séduisante que Bess.

Alice n'avait pas remarqué que Ronald Muir l'avait suivie. Les nouvelles arrivantes le dévisagèrent avec curiosité. Sans attendre d'être présenté, il leur tendit la main.

« Vous êtes des amies d'Alice Roy, dit-il. Je suis Ronald Muir, ancien professeur à l'université d'Emerson. Appelez-moi tout de suite Ronald, ce sera plus simple. »

Persuadées qu'Alice avait accepté son amitié, les deux cousines lui serrèrent cordialement la main. La colère s'empara d'Alice. Tournant le dos à l'importun, elle entraîna Bess et Marion à la réception où elles remplirent les fiches d'entrées, puis elle les conduisit à la chambre qu'elles partageraient.

« Qui est ce nouveau soupirant ? » s'enquit Bess quand elles eurent refermé la porte.

Alice leur raconta comment il l'avait abordée.

« Il se peut qu'il travaille pour une bonne cause, ajouta-t-elle, ce qui ne l'empêche pas d'être l'individu le plus exaspérant que je connaisse ; j'espère ne plus le revoir de ma vie !

— Eh bien ! fit Marion, amusée. C'est la première fois que je te vois dans une telle fureur ! Dis-nous ce que tu sais de lui. D'où vient-il ? Que fait-il ? »

Quand Alice eut répondu, Marion prit un air grave.

« Je comprends ta réserve. Cet homme n'a pas l'air d'un professeur. Oublions-le. Parle-nous plutôt du mystère dont tu t'occupes. »

Alice exposa l'affaire dans les détails :

escroquerie, maison extraordinaire, robot, escalier en zigzag, tapisserie des serpents…

« Quel endroit sinistre cela doit être ! déclara Marion. Si nous allions y faire un tour sans attendre demain ? »

Bess ne manifesta pas le même empressement.

« Moi, je n'en ai pas une envie folle, dit-elle. J'aurai peur. Ce robot nous réserve peut-être de mauvaises surprises, tout décapité qu'il est. »

Alice éclata de rire.

« Aussi longtemps que les fils n'auront pas été ressoudés et la tête remise en place, il sera inoffensif. »

Elle ajouta que Mme Carrier avait demandé à un électricien de le réparer.

« J'aimerais être sur place quand il travaillera. Si vous êtes d'accord, nous visiterons cette maison demain matin.

— Magnifique ! s'écria Marion. L'impatience m'empêchera de dormir. »

Bess ne dit rien. Elle pensait :

« Je savais bien, en venant ici, qu'Alice serait plongée dans une histoire terrible. »

Au bout d'un moment, elle déclara d'un ton grave :

« Nous ferons bien de nous tenir sur nos gardes. Robert Banister a pu inventer des appareils pires que le robot. »

Alice parla du fossé qui cernait la maison et de l'eau sur laquelle, disait-on, couraient des flammes.

Marion se mit à rire.

« Je ne crois pas un mot de cette légende », affirma-t-elle.

Les jeunes filles s'habillèrent pour le dîner et descendirent dans la salle de restaurant. La pièce était accueillante, l'ambiance agréable. Elles purent obtenir une table dressée tout au fond, dans un angle. Alice espérait ainsi éviter une rencontre avec Ronald Muir. Elles venaient de commander leur repas quand elles virent s'avancer le déplaisant personnage.

« Bonsoir », dit-il d'un ton jovial.

Sans paraître remarquer la froideur des jeunes filles, il s'assit à leur table.

« Rien n'est plus triste que de manger seul, reprit-il, vous ne trouvez pas ? »

Elles s'abstinrent de répondre.

Après avoir choisi son menu, il se lança dans un long discours sur les petits Indiens.

« Beaucoup d'entre eux sont d'une intelligence supérieure, disait-il. Si on leur offrait l'occasion de faire des études, ils deviendraient de brillants médecins, savants ou ingénieurs. »

Très vite, Alice et Marion furent excédées par ce flot de paroles. Au contraire, Bess semblait passionnée. Elle en oublia même de manger son dessert.

À bout de patience, Alice voulut changer de sujet :

« Monsieur Muir, avez-vous visité ou entendu parler de l'étrange demeure que s'est fait construire M. Robert Banister ?

— Non, jamais. Si vous la connaissez, consentiriez-vous à me servir de guide ? »

Alice opposa un refus catégorique.

« Je suis désolée, dit-elle sèchement. On ne peut la voir que de l'extérieur et nous n'aurons pas le temps. Nous serons très occupées pendant notre séjour à Seyton Hill. »

Les jeunes filles se levèrent et sortirent du restaurant. Alice et Marion marchaient en tête, M. Muir escortait Bess à quelques mètres derrière.

Dans le hall, Bess annonça à ses amies qu'elle montait un instant dans sa chambre.

« Où vous retrouverai-je ? dit-elle.

— Dans la boutique où l'on vend des souvenirs au milieu de la rue principale », répondit Marion.

Elle avait choisi ce lieu de rendez-vous, espérant que Ronald Muir ne les suivrait pas. Elle ne s'était pas trompée. Il s'éloigna dans une autre direction.

Alice et Marion entrèrent dans le magasin et regardèrent les étalages. Bess ne les rejoignit qu'au bout d'un quart d'heure.

« Pardonnez-moi d'avoir été aussi longue », dit-elle.

Marion sourit malicieusement.

« Je croyais que tu t'étais envolée vers quelque réserve indienne en compagnie du séduisant Ronald Muir. »

Bess fit une grimace à sa cousine, puis demanda :

« Avez-vous acheté quelque chose ?

— Pas encore, répondit Marion.

— C'est toi qui d'ordinaire dévalises les boutiques, remarqua Alice.

— Pas aujourd'hui, répliqua Bess.

— Serais-tu malade ? fit ironiquement Marion.

— Non, mais je n'arrive pas à chasser de

mon esprit l'image de ces pauvres enfants indiens. »

Marion dévisagea sa cousine d'un air sérieux.

« Oublie cet homme, conseilla-t-elle. Qui nous dit qu'il est honnête ? »

Bess ne répondit pas. Elle attendit patiemment qu'Alice et Marion eussent choisi des cravates pour leurs pères.

Elles regagnèrent ensuite le motel.

« Voulez-vous voir un indice en rapport avec le mystère ? dit Alice, en refermant la porte de leur chambre.

— Avec plaisir ! » fit aussitôt Marion.

Bess gardait toujours le silence.

Alice ouvrit un tiroir de la commode et sortit deux allumettes de cire. Elle en prit une dans chaque main, les mesura, les tordit et conclut :

« Elles sont identiques.

— D'accord, elles sont identiques, acquiesça Marion ; mais où cela nous mène-t-il ?

— J'en ai trouvé une près des chambres où le feu a pris, les autres proviennent de la maison de Robert Banister, répondit Alice. Nous pensons, papa et moi, qu'il a apporté des allumettes de chez lui et s'en est servi pour mettre le feu dans les pièces que nous occupions. Il en aurait laissé tomber une sur la galerie. »

Bess et Marion avaient écouté leur amie avec stupeur.

À ce moment, la sonnerie du téléphone grésilla. Alice alla répondre.

À l'autre bout du fil, une voix masculine demanda :

« Je voudrais parler à Mlle Roy.

— C'est moi.

— Ici, M. Banister. »

5

Au secours !

En attendant son interlocuteur se nommer, Alice eut le souffle coupé. Était-ce vraiment l'homme qu'elle-même et beaucoup d'autres sans doute recherchaient ?

Le cœur battant, elle répondit :

« Que désirez-vous, monsieur ?

— Je suis Thomas Banister, le frère de Robert. »

Alice poussa un soupir et se détendit. Surprises par le changement d'expression de leur amie, Bess et Marion échangèrent un regard interrogateur. « Qui pouvait bien lui téléphoner ? » se demandaient-elles.

« J'ai appris par ma sœur que votre père

tentait de retrouver mon frère, est-ce exact ?

— Oui, je crois, répondit Alice sans se compromettre.

— En ce cas, écoutez-moi, poursuivit son interlocuteur, et veuillez transmettre un message à votre père sans en omettre un mot. Je ne sais où le joindre, c'est pourquoi je vous ai appelée. Dites-lui d'arrêter son enquête sur-le-champ !

— Qu'il arrête son… ?

— Vous avez parfaitement entendu. C'est une affaire qui ne concerne que ma famille. Nous n'avons besoin d'aucune aide extérieure. Compris ?

— Oui. »

M. Banister déclara ensuite qu'il n'entrait pas dans ses intentions de discuter plus longuement.

« Laissez tomber cette histoire ! Nous sommes désolés d'avoir dérangé votre père et de lui avoir fait perdre du temps. »

Sur ces paroles, M. Thomas Banister raccrocha.

Alice s'assit et fixa le plafond d'un regard morne. « Voilà la fin d'un mystère passionnant ! » songeait-elle.

Se tournant vers ses amies, elle leur répéta

la conversation. Comprenant à quel point Alice était déçue, Marion s'abstint de tout commentaire.

Bess ne put cacher sa satisfaction.

« C'est sans doute mieux ainsi, dit-elle. Je suis persuadée, Alice, qu'il aurait fini par t'arriver des ennuis. »

Sans répondre, Alice téléphona à son père et lui transmit le message de Thomas Banister.

« Cela me surprend beaucoup, dit M. Roy. Mme Carrier semblait très désireuse de nous voir mener l'enquête.

— Qu'allons-nous faire ? demanda Alice.

— Ce sont mes clients, M. et Mme Melwyn, qui m'ont confié leurs intérêts. Téléphone à M. Banister et mets les choses au point. Nous verrons ce qu'il te répondra et nous agirons en conséquence. »

Alice chercha dans l'annuaire le numéro de Thomas Banister. Tout à coup la pensée lui vint que ce n'était peut-être pas lui qui avait appelé, mais Robert ou un de ses complices.

Non sans une certaine appréhension, elle composa le numéro. Une voix d'homme répondit presque aussitôt :

« Allô ?

— Pourrais-je parler à M. Thomas Banister ?

— C'est moi.

— Ici, Alice Roy. Est-ce vous qui m'avez téléphoné il y a quelques minutes à peine ?

— Non. Pourquoi ? Ma sœur m'a parlé de vous et j'espère faire bientôt votre connaissance. »

Alice lui apprit qu'un homme se servant de son nom avait prié M. Roy d'abandonner l'enquête.

« Il avait à peu près la même voix que vous, monsieur », ajouta-t-elle.

Un profond soupir lui parvint à l'autre bout de la ligne.

« C'est sans doute mon frère Robert. Vous a-t-il dit d'où il téléphonait ?

— Non. Puisque ce n'est pas vous qui m'avez appelée tout à l'heure, vous ne voyez pas d'inconvénient à ce que nous poursuivions nos recherches, n'est-ce pas ?

— Aucun, au contraire ! Il faut que Robert répare les torts qu'il a causés. J'ignore tout de sa vie privée. D'après ce que ma sœur m'a dit, il possède des objets de valeur qui suffiraient à dédommager ses victimes. »

Comment Robert avait-il eu vent de l'action entreprise par M. Roy ?

« Avez-vous une idée à ce sujet ? voulut savoir Alice.

— Pas la moindre », répondit Thomas Banister, très catégorique.

La jeune fille dit au revoir et raccrocha. Après avoir répété à ses amies les paroles de Thomas Banister, Alice rappela son père. La supercherie utilisée par Robert ne le surprit pas.

« Je vais essayer de savoir d'où il a téléphoné, dit-il, mais je doute que ce soit possible. »

Alice appela ensuite Mme Carrier et lui demanda si elle comptait se rendre le lendemain matin au manoir Banister avec un électricien.

« Oui, répondit Mme Carrier, et je serai très contente de faire la connaissance de vos deux amies. Voulez-vous passer me prendre à dix heures ? M. Glassboro, l'électricien, nous suivra dans sa camionnette. »

Le lendemain, aussitôt arrivés chez Robert Banister, elles conduisirent M. Glassboro à la cuisine et lui montrèrent le robot.

« Eh bien ! s'exclama l'électricien, en voilà

une drôle d'invention ! On peut dire que ce bonhomme cadre tout à fait avec la maison. Pour être excentrique, on peut dire qu'elle l'est !

— Pouvez-vous réparer le mécanisme ? » demanda Mme Carrier.

L'électricien redressa le robot qui, debout sur ses pieds munis de roulettes, mesurait un mètre cinquante environ. Il regarda ensuite à l'intérieur avec une lampe torche.

« Bah ! fit-il. Il y a un tas de fils cassés et la bande a claqué. C'est ce qui a provoqué l'explosion. Quand il est tombé, sa tête a roulé. »

Alice lui montra le tiroir contenant d'autres bandes.

L'électricien réfléchit et, s'adressant à Mme Carrier, déclara :

« Je pense être capable de remettre en marche ce petit gars..., du moins, je ferai de mon mieux. Ensuite je recollerai la bande. »

Mme Carrier proposa aux jeunes filles de laisser l'électricien travailler et d'aller inventorier avec elle les affaires personnelles de Robert.

Alice y consentit volontiers.

« Nous trouverons peut-être un indice précieux », ajouta-t-elle.

Elles montèrent au premier étage et commencèrent leurs recherches. Les armoires et penderies contenaient l'habituel assortiment de costumes, manteaux, chaussures, articles de sport. Rien ne semblait indiquer, chez Robert, un goût excentrique dans sa manière de s'habiller.

« Il n'a pas emporté grand-chose avec lui, observa Bess. Il n'y a aucun portemanteau inutilisé. »

Entre-temps, Mme Carrier fouillait les poches des complets-veston de son frère. Elles étaient vides. Ensuite elle regarda dans les tiroirs des commodes.

« Ils sont si pleins, dit-elle découragée, que cela va me prendre des heures. Pour ne pas perdre trop de temps, vous pourriez examiner les deux commodes du bureau. »

Bess et Marion acceptèrent de s'en charger. Alice descendit voir où en était l'électricien. En approchant de la cuisine, elle fut surprise de n'entendre aucun son.

« M. Glassboro doit être en train de faire une réparation particulièrement délicate », se dit-elle.

Elle poussa la porte et recula, frappée d'horreur. L'électricien gisait à terre, inconscient.

Non loin de lui, se tenait le robot avec sa tête remise en place.

« Oh ! M. Glassboro ! » s'écria la jeune fille.

Elle courut à lui. Au moment où elle se baissait, un bourdonnement se déclencha à l'intérieur du robot et la fit se retourner. L'homme de métal leva les bras, les referma autour d'Alice et se mit à serrer de plus en plus fort.

« Au secours ! hurla Alice. Au secours ! »

Elle perdit connaissance.

Mais son appel fut entendu par ses amies qui dévalèrent l'escalier en zigzag pour se précipiter dans la cuisine. Alice était pliée en deux par-dessus les bras du robot. Elle ne donnait plus signe de vie.

« Il faut lui faire lâcher prise ! dit Marion d'une voix blanche. Bess, tire un bras, je me charge de l'autre. »

Aucun des deux membres ne bougea d'un pouce.

« Que faire ? gémit Bess.

— Une seule chose, répondit Marion. La bande qui a mis en marche le robot tourne sans doute encore. Arrêtons-la. »

Elle chercha parmi les outils répandus à terre. Aucun ne lui paraissant assez lourd, elle ouvrit le sac de l'électricien, y prit une grosse clef anglaise avec laquelle elle frappa à plusieurs reprises le cou du robot.

Enfin le bourdonnement cessa. Les bras de l'homme métallique s'abaissèrent et il bascula à terre. Bess reçut Alice contre elle. Doucement, elle l'étendit sur le dallage.

« Le robot a dû faire la même chose à M. Glassboro, dit Marion. Vite, Bess ! Va chercher de la glace ! »

Bess courut en prendre dans le réfrigérateur. Elle appliqua ensuite des linges mouillés et froids sur le front et les poignets d'Alice, tandis que Marion en faisait autant pour l'électricien.

Au bout de quelques minutes de soins, ils reprirent connaissance et remercièrent les deux cousines.

« Qu'est-il arrivé ? » demanda Marion.

M. Glassboro leur raconta qu'ayant fini de réparer le robot il avait voulu s'assurer de son bon fonctionnement. Au hasard, il avait pris une bande dans le tiroir et l'avait insérée dans le mécanisme.

« À peine cet infernal bonhomme s'est-il mis à ronronner qu'il a levé un bras et m'a lancé le plus bel uppercut que j'aie jamais reçu de ma vie. J'ai été au tapis en moins de deux. »

Marion ne put retenir un sourire. L'électricien ne manquait pas d'humour.

« Autrement dit, vous avez été mis K.-O. par un morceau de ferraille ! »

Ils éclatèrent tous de rire.

Tandis qu'Alice relatait à son tour sa mésaventure, ils contemplaient le robot à terre.

« Si vous avez l'intention d'essayer d'autres bandes, déclara l'électricien, il serait prudent de mettre le bonhomme en lieu sûr ! Je vais réparer celle qui a causé l'explosion, on pourra l'utiliser sans risque. »

On replaça le robot sur ses roues, M. Glassboro lui ôta la tête et regarda à l'intérieur du corps.

« Les fils semblent en bon état, mais la bande a été détruite par les coups que vous lui avez portés, dit-il à Marion.

— Quelle chance ! fit Bess. C'était trop dangereux ! »

Il était évident que Robert Banister se servait du robot comme garde du corps, conclurent les trois amies. Était-il impliqué dans des escroqueries d'une ampleur telle qu'il craignait pour sa vie ?

Après avoir travaillé en silence, M. Glassboro reprit :

« Ce robot n'est pas un jouet d'enfant. Je vais vous expliquer comment il fonctionne, ensuite je vous conseille vivement de l'enfermer à double tour. Que diriez-vous de ce placard-ci ? »

Marion tourna la clef et ouvrit la porte. L'électricien donna aux jeunes filles quelques explications sur la manière d'utiliser les bandes, puis il rangea le robot dans le placard qu'il referma soigneusement à clef.

Mme Carrier descendit. Elle n'avait rien entendu et fut horrifiée en apprenant ce qui s'était passé.

« Je vous en prie, dit-elle aux jeunes filles. Redoublez de prudence, je ne voudrais pas qu'il vous arrive un accident plus grave encore. »

Se tournant vers M. Glassboro, elle ajouta :

« Je suis désolée, monsieur, de ce regrettable incident. J'espère que vous n'avez rien de grave ? »

M. Glassboro la rassura avec un bon sourire et entreprit de recoller la bande abîmée.

« Bah ! c'est une journée de travail plus

mouvementée qu'une autre, dit-il. Je ne m'attendais certes pas à recevoir un coup de poing… »

Il acheva rapidement la réparation et repartit dans sa camionnette. Mme Carrier et les jeunes filles décidèrent de rentrer, elles aussi. Après avoir soigneusement fermé la maison, elles franchirent le pont.

Alice s'aperçut tout à coup que dans son excitation elle avait oublié son sac au premier étage. Mme Carrier lui rouvrit la porte d'entrée. La jeune fille avait appris maintenant à gravir l'escalier en zigzag ; en moins de cinq minutes, elle était de retour.

Mme Carrier et ses compagnes franchirent de nouveau la passerelle. En approchant du cabriolet d'Alice, elles virent un homme déboucher du bois.

Mme Carrier eut un haut-le-corps et s'immobilisa.

« Robert ! » s'exclama-t-elle.

6

L'atelier souterrain

À la stupéfaction de Mme Carrier et des jeunes filles, au lieu de s'éloigner à leur vue, Robert Banister hâta le pas vers elles.

Soudain, Mme Carrier se mit à sourire. Les trois amies la regardèrent d'un air perplexe.

« Ce n'est pas Robert ! C'est Thomas !

— Que dites-vous ? fit Bess. Comment avez-vous pu les confondre ? »

Mme Carrier lui répondit que les deux frères se ressemblaient comme des jumeaux. De loin, il était difficile de les distinguer l'un de l'autre.

« Je ne m'attendais pas à voir Thomas ici.

Il ne m'avait pas prévenue et, un jour, il m'a dit que, même pour tout l'or du monde, il ne mettrait pas les pieds dans cette maison !

— Bonjour », dit aimablement Thomas.

C'était un bel homme, brun, âgé d'environ trente-cinq ans.

Mme Carrier le présenta aux jeunes filles.

« Nous avons déjà fait connaissance par téléphone, Mlle Roy et moi, dit-il. Vous vous étonnez sans doute de me voir survenir à l'improviste... et à pied en plus.

— Tu dois avoir une bonne raison pour cela, répondit sa sœur. Veux-tu entrer dans la maison ?

— Si vous n'êtes pas trop pressées, je ne refuse pas.

— Vous allez être plutôt surpris des étranges conceptions architecturales de votre frère, intervint Marion.

— Oh ! de lui, rien ne saurait plus m'étonner ! » répondit Thomas.

En pénétrant dans le vestibule, il marqua un temps d'arrêt.

« C'est encore plus ahurissant que je ne l'imaginais ! s'exclama-t-il en hochant la tête. Je savais mon frère original, mais à ce point !

— Attendez un peu de voir le robot aller et

venir et envoyer les gens sur le carreau ! » dit Bess.

Alice raconta la mésaventure dont l'électricien et elle-même avaient été victimes.

« C'est à peine concevable ! déclara Thomas, pourtant c'était prévisible. Enfant, Robert fabriquait déjà des objets étranges et, ma foi, très ingénieux. »

Il se tut un moment, songeur, puis il reprit :

« Pourquoi a-t-il choisi une mauvaise voie ? Ma famille a tenté de lui faire entendre raison, de le convaincre de se rendre utile, il ne faisait qu'en rire. »

Alice conduisit Thomas Banister à la cuisine et ouvrit la porte du grand placard. Privé de mouvement, le robot semblait une pauvre créature abandonnée, vaincue.

« D'après ce que vous m'avez raconté, il est mieux là qu'ailleurs, approuva M. Banister. Il ne pourra se livrer à d'autres méfaits. »

Ils passèrent au salon et s'assirent. Thomas exposa le motif de sa venue.

« Je suis passé au motel, mademoiselle, dit-il à Alice, parce que je désirais m'entretenir avec vous. Comme vous n'y étiez pas, j'ai deviné que je vous trouverais ici et je suis parti en voiture. Au pied de la colline, je suis tombé en panne d'essence. J'ai poursuivi mon chemin à pied. Hélas ! mon frère a fait de nouvelles victimes. »

Il venait de recevoir, dit-il, la visite de M. et Mme Aldrin, de New York. Comme Mme Melwyn, ils avaient fait confiance à Robert qui s'était présenté à eux sous un faux nom.

« Ils ont vu une photographie de lui publiée dans un journal, continua-t-il, et ils sont arrivés chez moi. Ils exigent le remboursement d'une très grosse somme, plus un dédommagement pour le préjudice qu'ils ont subi. »

Mme Carrier fronça les sourcils.

« Je comprends mal, donne-nous les détails de cette affaire !

— Robert, répondit Thomas, avait, semblait-il, mis la main sur des feuilles à en-tête d'une agence immobilière de New York, gérant plusieurs immeubles de grand luxe, précisa-t-il.

« Selon les Aldrin, Robert aurait prétendu représenter cette agence et les aurait emmenés voir un appartement à louer. Au concierge, il aurait affirmé que M. et Mme Cooper, absents à cette époque, quittaient leur logement.

« Robert a donc fait visiter aux Aldrin l'appartement des Cooper, dont il détenait une clef. Je suppose qu'il l'avait volée à l'agence.

— Je ne conçois toujours pas pourquoi les Aldrin réclament un dédommagement, dit Mme Carrier.

— Je reconnais que je ne m'exprime pas très clairement, fit Thomas Banister, mais il y a de quoi être énervé. Les Aldrin ont décidé de louer l'appartement des Cooper. Robert leur a demandé de verser deux mois de caution plus un mois de location. M. Aldrin a libellé sur-le-champ un chèque. Robert lui a remis un reçu en bonne et due forme, toujours à en-tête de l'agence. »

Non content, l'escroc aurait réclamé un supplément sous le prétexte que les Aldrin prenaient l'appartement avant la fin du bail des Cooper. M. Aldrin a encore payé sans discuter.

« Ce M. Aldrin ne me paraît pas très malin, déclara Marion. Comment n'a-t-il pas vérifié l'histoire de votre frère avant de lui remettre ces chèques ? En général les contrats de ce genre se règlent dans les bureaux de l'agence. »

Thomas eut un sourire amusé.

« Hélas ! Beaucoup de gens se laissent duper facilement, dit-il. Ils sont d'une crédulité effarante.

— C'est vrai ! convint Marion.

— Le plus ennuyeux de cette nouvelle affaire, c'est que les Aldrin veulent que ma sœur et moi les remboursions.

— C'est impossible ! protesta Mme Carrier. Nous avons déjà dépensé des sommes considérables par sa faute. Et qui sait combien d'autres personnes vont exiger la même chose ?

— Tu as raison, je le crains, répondit Thomas. Légalement, personne ne peut nous contraindre à répondre des dettes de Robert. En outre, il a de quoi réparer lui-même les torts qu'il a causés.

— Vous pensez qu'il a caché de l'argent et des objets de grand prix dans cette maison ? demanda Bess.

— J'ai tout lieu de le croire. »

Mme Carrier invita son frère à poursuivre la visite du manoir.

Ils passèrent par le grand vestibule. Thomas resta un moment au bas de l'escalier en zigzag, étudiant avec stupeur cette incroyable construction. Puis il escalada les

marches avec une agilité surprenante. Il était presque arrivé au palier lorsqu'il trébucha, perdit l'équilibre et, tombant à la renverse, dévala l'escalier, se heurtant à chaque angle.

« Oh ! » s'écria Mme Carrier.

Sans perdre une seconde, Alice bondit et réussit à arrêter Thomas dans sa chute. Il se releva, très vexé, et s'assit sur une marche.

« Vous êtes-vous fait mal ? s'enquit Alice avec sollicitude.

— Un peu, pas trop, mais dorénavant je me méfierai de cette fâcheuse invention de mon frère. »

Précédant les deux cousines, Mme Carrier le rejoignit, persuadée qu'il souffrait. Il la rassura :

« J'aurai quelques bleus, rien de plus. Mes vieux os ont tenu bon. Seule ma vanité a souffert. »

Ce disant, il gravit avec une sage prudence le reste de l'escalier, suivi de sa sœur et des jeunes filles.

Pendant que Thomas faisait le tour des pièces, Alice se remit en quête d'un indice qui la mènerait au refuge du fuyard.

Elle revint bredouille auprès de Thomas.

« J'ai une proposition à vous soumettre,

dit celui-ci. Cherchons un ordinateur. Robert est parfaitement capable de programmer lui-même sur bande les gestes qu'il veut faire exécuter à son robot. Si nous découvrons cet ordinateur, nous découvrirons peut-être, par la même occasion, un élément qui nous mettra sur la piste de mon frère. »

Aussitôt, tous se mirent en chasse. Le sous-sol n'avait pas encore été inspecté. Ils trouvèrent une porte cachée derrière l'office. Elle donnait accès à un escalier. Ils descendirent. Le long des parois, plusieurs interrupteurs leur permirent d'éclairer le sous-sol.

« Robert travaillait sûrement ici », dit Thomas.

Plusieurs pièces s'ouvraient sur un large couloir. L'une d'elles, fermée par une porte coulissante, contenait un grand ordinateur et un autre plus petit.

« Votre hypothèse était juste, monsieur, dit Alice à Thomas. Votre frère programmait lui-même les bandes. »

Malgré leurs recherches, ils ne purent découvrir le moindre indice intéressant.

Les autres pièces ne renfermaient aucun objet de valeur, à l'exception d'une petite presse d'imprimeur.

Tandis que le groupe regagnait le rez-de-chaussée, Alice réfléchissait. « Cette maison renferme d'autres secrets », se répétait-elle.

Elle s'arrêta pour contempler une fois de plus l'escalier en zigzag. Pourquoi l'avait-il construit ainsi ? Pourquoi une des rampes s'enfonçait-elle dans un mur ? Pourquoi le vestibule n'était-il pas équilibré ?

Mme Carrier tira Alice de ses réflexions :

« Je vous propose de repartir, dit-elle. Je meurs littéralement de faim.

— Moi aussi », approuva Bess, ravie.

Thomas les invita toutes à déjeuner.

« À condition, précisa-t-il, que vous me conduisiez à ma voiture.

— J'ai un jerricane d'essence dans mon coffre, dit Alice, vous pourrez remplir votre réservoir. »

Ils s'entassèrent tous dans le cabriolet. Au passage, Thomas reprit sa voiture et les guida jusqu'à un restaurant situé au bord de la rivière, à quelques kilomètres de Seyton Hill.

Ils se dirigeaient vers l'entrée, lorsque Thomas marqua un arrêt et murmura :

« Quelle malchance ! Voici M. et Mme Aldrin. Ils sortent de la salle à manger. Je n'ai pas la moindre envie de discuter avec eux. »

Il lui fut impossible de les éviter. Les Aldrin l'avaient reconnu et se hâtaient vers lui.

« Bonjour, monsieur. C'est votre sœur, n'est-ce pas ? » dit M. Aldrin.

Thomas inclina la tête et fit les présentations.

« Avez-vous pris une décision ? reprit M. Aldrin. Comptez-vous nous rembourser, oui ou non ?

— Non, répondit Thomas. Dès que j'aurai du nouveau à vous apprendre, je vous préviendrai. »

Un silence embarrassé suivit. Bess le rompit :

« Alice Roy est une détective renommée. Voulez-vous qu'elle défende vos intérêts ? »

M. Aldrin éclata d'un gros rire.

« Voyez-moi cette gamine ! »

Mme Aldrin fut prise d'une crise d'hilarité aussi vulgaire que forcée.

« Je vois d'ici un gros titre, dit-elle entre deux hoquets : *Une jeune adolescente capture un repris de justice !* »

Et elle se remit à rire de plus belle.

Très gênée, Alice rougit de honte sous le regard surpris des clients du restaurant.

7
L'eau qui brûle

« Venez », dit Thomas Banister, en prenant Alice par le bras.

Il la conduisit au fond du restaurant. Quand ils eurent tous pris place autour d'une table, Mme Carrier donna libre cours à sa colère.

« Ces gens sont odieux ! dit-elle. Je ne conçois pas que l'on puisse se montrer aussi désagréable.

— Moi non plus, approuva Bess. Au lieu de rire de mes paroles ils auraient mieux fait de se renseigner sur Alice. Tant pis pour eux ! Qu'ils trouvent donc quelqu'un d'autre pour défendre leurs intérêts ! »

Marion conseilla à sa cousine d'oublier les Aldrin et de jouir de l'agréable paysage qui s'offrait à leurs yeux.

« Nous ne savons même pas si ces Aldrin sont honnêtes, ajouta-t-elle. Ils ont très bien pu forger cette histoire de toutes pièces dans l'intention de vous extorquer de l'argent. »

Thomas fit signe à une serveuse. Elle leur apporta les menus.

« Que voulez-vous prendre ? » demanda Thomas.

Mme Carrier choisit des hors-d'œuvre et un chateaubriand aux pommes ; Bess, une portion de poulet et un « énorme » gâteau au chocolat fourré à la crème.

Alice s'attendait à une remarque acerbe de Marion à propos de la ligne un peu trop arrondie de sa cousine, mais il n'en fut rien. Apparemment, Marion s'abstenait de critiquer Bess en public.

Thomas sourit et promit à Bess une double part de gâteau. Les autres commandèrent un très léger repas.

Soudain, Bess murmura :

« Regardez qui vient vers nous ! Mme Aldrin !

— Comment ? » s'exclama Mme Carrier.

La jeune femme qui s'était lourdement

esclaffée quelques minutes auparavant arborait un aimable sourire.

« Je viens vous présenter nos excuses, dit-elle en s'adressant à Alice. Nous avons eu tort de nous moquer de vous, mademoiselle, et de mettre en doute vos talents de détective. Nous nous sommes rappelés avoir entendu parler de vous et de monsieur votre père d'une façon très élogieuse. Ne nous tenez pas rigueur, je vous en prie, et tâchez de retrouver l'escroc dont nous avons été victimes.

— Vous devriez consulter mon père à ce sujet, répondit Alice. Il est avocat et, comme vous l'avez remarqué vous-même, je suis trop jeune.

— Ce qui ne vous empêche pas d'être très compétente, protesta Mme Aldrin, du moins à en croire la rumeur publique. Quel est votre tarif ? »

Les yeux d'Alice lancèrent des éclairs.

« Si vous avez entendu parler de moi, madame, vous n'ignorez pas que je refuse toute rémunération. Je travaille en amateur parce que les mystères me passionnent. Je ne suis pas une professionnelle et ne puis, en conséquence, que vous renouveler mon conseil : allez voir mon père. Il s'agit dans votre cas d'un problème juridique dont lui seul peut s'occuper. »

Mme Aldrin parut à court d'arguments. Elle lança un regard éploré à son mari, resté près de l'entrée, et lui fit signe de venir à son secours. Il s'avança, la bouche fendue en un large sourire.

« Mlle Roy me répond que notre affaire doit être réglée par son père et non par elle.

— Ah ! oui ? fit M. Aldrin. En ce cas, nous vous la confions à tous les deux, mademoiselle. Voulez-vous prévenir votre père ou préférez-vous que nous nous en chargions nous-mêmes ? »

Alice les pria de se mettre directement en rapport avec son père.

« S'il désire mon aide, il m'en avisera », dit-elle.

M. Aldrin s'inclina.

« Je me suis livré de mon côté à une petite enquête, annonça-t-il. Je suis allé bavarder avec le concierge des Cooper. Il m'a dit avoir aperçu Robert Banister à un match de football. Il a aussitôt alerté un agent de police, mais le temps qu'il revienne avec lui, et notre escroc s'était éclipsé. »

Cet indice parut bien mince à la jeune détective.

Thomas intervint.

« Si nous apprenons quoi que ce soit, je vous préviendrai comme je m'y suis engagé. »

Comprenant enfin que leur présence n'était pas souhaitée, les Aldrin s'éloignèrent. La serveuse arriva avec un plateau chargé de mets appétissants. Au cours du repas, Alice et ses amies s'efforcèrent d'aborder d'autres sujets que celui qui les préoccupait tous mais, sans cesse, il revenait sur le tapis.

« Croyez-vous que Robert s'introduise dans sa maison la nuit, quand il est sûr que personne n'est dans les parages ? demanda enfin Alice.

— C'est possible, répondit Thomas. Nous avons un moyen de nous en assurer. Allons-y ce soir. Je passerai vous prendre à huit heures.

— Quelle bonne idée ! approuva Alice. Nous serons prêtes. »

Vers quatre heures, alors que les jeunes filles se reposaient dans leur chambre, la sonnerie du téléphone retentit. C'était Thomas Banister. Obligé de recevoir des clients de passage, il ne pourrait, annonça-t-il, accompagner les jeunes filles chez son frère ce soir-là.

« Remettons notre expédition à demain, proposa-t-il. Je vous rappellerai dans la matinée. »

Quelques minutes plus tard, le téléphone sonna de nouveau. Alice répondit.

« Ned ! s'écria-t-elle, ravie.

— Salut ! Comment allez-vous toutes les trois ? »

Alice aimait beaucoup cet étudiant, beau, grand, sportif, qu'elle connaissait depuis plusieurs années. M. Roy et Sarah l'appréciaient, eux aussi, et l'accueillaient toujours avec plaisir.

« Comment as-tu appris que j'étais ici ?

— Par ton adorable Sarah, voyons !

— Papa ne m'a même pas laissé le temps de te prévenir tellement il était pressé de se rendre à Seyton Hill. Il pensait que nous reviendrions tout de suite. Mais… un mystère me retient ici.

— Tu me raconteras tout en détail ce soir. Nous sommes libres, Bob, Daniel et moi, et nous avons envie de faire un saut jusqu'à vous. »

Le jeune homme pria Alice de leur retenir une chambre, la compagnie d'assurances pour laquelle ils travaillaient depuis le début des vacances leur ayant octroyé deux jours de congé.

« Et tu veux m'aider à élucider le mystère ? fit Alice en riant. Curieuse manière de se reposer.

— La meilleure qui soit. Je raccroche. À bientôt ! »

Bess et Marion jubilèrent en apprenant que leurs fidèles danseurs, Bob et Daniel, arriveraient dans la soirée.

« Si nous allions tous les six, cette nuit, chez Robert Banister ? suggéra Marion. J'aimerais montrer à Bob cette ahurissante construction.

— Et si l'escroc est là, je me sentirai plus rassurée avec nos trois gardes du corps », approuva Bess.

Les étudiants entrèrent dans le hall du motel peu avant huit heures. Bob Eddleton était blond, petit et trapu ; Marion lui plaisait parce qu'elle aimait la vie au grand air et pratiquait de nombreux sports. Daniel Evans, un grand garçon blond, aux yeux bleus rieurs, prenait un malin plaisir à taquiner Bess.

Ils s'assirent tous au salon et commandèrent des glaces. Tout en les savourant, ils bavardèrent gaiement. Alice résuma les derniers événements.

« Eh bien ! fit Ned après l'avoir écoutée en silence. Te voilà lancée dans une singulière aventure !

— Attends de voir la maison insensée que Banister s'est fait construire ! dit Bess.

— Allons la visiter tout de suite ! » pria Ned, impatient d'en juger par lui-même.

Ils montèrent dans sa voiture et s'engagèrent dans la grand-rue.

« Il faut que nous passions prendre la clef chez Mme Carrier et lui demander l'autorisation d'aller seuls chez son frère », dit Alice.

Elle indiqua à Ned le chemin à suivre.

Mme Carrier consentit volontiers à leur confier la clef, mais elle recommanda aux étudiants de veiller avec soin sur les jeunes filles.

Vingt minutes plus tard, la voiture roulait à travers bois. Quand Ned l'arrêta dans la petite clairière, au sommet de la colline, la lune brillait de tout son éclat, éclairant l'architecture fantastique. Autre chose cependant attira l'attention des jeunes gens : une lueur rougeâtre courait au fond du fossé.

« L'eau est en feu ! s'exclama Alice.

— Le pont a disparu ! s'écria Bess.

— Où peut-il être ? fit Marion, ahurie. A-t-il brûlé ?

— J'en doute fort, dit Alice. C'était une passerelle métallique, souviens-toi. Il est impossible qu'elle ait pris feu. »

Elle examina le sol à la recherche d'empreintes et n'en releva aucune.

Toujours pratique, Marion voulut savoir comment ils pénétreraient dans la maison.

« Question judicieuse ! approuva Daniel.

— J'ai une idée, s'écria Alice. Le sous-bois est rempli de jeunes arbres. Si nous en trouvons d'assez grands, nous construirons nous-mêmes une passerelle.

— Comment les taillerons-nous ? objecta Bess.

— La plupart des arbustes se courbent facilement, répondit Ned. Avec un peu de patience, nous réussirons bien à les casser. Venez, Bob et Daniel. Montrons à ces demoiselles de quoi nous sommes capables. »

Les six amis pénétrèrent dans le bois éclairé par la lune. Ils n'eurent aucune peine à repérer des arbrisseaux minces ; en peu de temps, ils en eurent abattu plusieurs. Ils les traînèrent au bord du fossé et, un par un, laissèrent tomber leur extrémité de l'autre côté. Bientôt une passerelle de fortune suffisamment solide enjambait l'eau.

« Je vais m'assurer qu'elle peut supporter notre poids », déclara Ned en se disposant à la franchir.

Il s'immobilisa.

« Maintenez les arbustes en place, de manière à les empêcher de rouler. Tout ira bien, ne vous inquiétez pas. »

Il s'avança lentement. Parvenu de l'autre côté, il cria :

« Vous pouvez y aller ! Elle tiendra bon ! »

Un par un, ils franchirent la passerelle et se retrouvèrent sur la pelouse, devant la maison.

« Penses-tu que ce soit Robert qui ait enlevé le pont ? » demanda Daniel à Alice.

Ils discutèrent sans parvenir à une conclusion. Ils ne rejetèrent pas la possibilité que Robert fût dans sa maison — auquel cas il se cacherait ou tenterait de se débarrasser d'eux en se servant du robot.

« Il serait plus sage de ne pas entrer dans cette horrible demeure, déclara Bess. Attendons que Robert en sorte.

— Et s'il n'y est pas ? protesta Alice. Un

autre a pu détruire la passerelle : un complice ou un ennemi de notre escroc. »

Après avoir débattu la décision à prendre, Ned suggéra de mettre aux voix deux propositions : rester dehors ou entrer. Par cinq voix contre une la seconde l'emporta. Seule Bess avait voté en faveur de la première.

Alice introduisit la clef dans la serrure et tourna. Ned poussa le lourd battant. Sans franchir le seuil, Alice tendit le bras et appuya sur l'interrupteur. Le vestibule s'éclaira. Personne en vue. Pas de robot.

À ce moment, un léger bruit se fit entendre derrière les jeunes gens. Bob se retourna et cria :

« Regardez, là-bas, cet homme qui s'enfuit ! »

Ils virent une haute silhouette enveloppée d'un imperméable, chapeau enfoncé sur les yeux. Elle atteignit le pont de fortune et le franchit à vive allure.

« Ce doit être Robert ! » dit Marion.

Une peur panique s'empara de Bess.

« Il va détruire notre passerelle et nous serons prisonniers ! »

Ils se précipitèrent vers les branches, prêts à les retenir si l'homme tentait de les enlever.

Le fuyard jeta un regard en arrière, mais ne s'arrêta pas. Poursuivant sa course, il disparut entre les arbres.

« Vite, rattrapons-le ! ordonna Ned. Restez-ici, les filles ! »

8

Le robot revient à l'attaque

Les trois amies demeurèrent aux aguets, prêtes à se défendre contre un éventuel ennemi. Pendant ce temps, Ned, Bob et Daniel poursuivaient le fugitif à travers bois ; ils l'entendaient, mais ne le distinguaient pas, malgré le clair de lune.

Tout à coup l'homme s'arrêta. Se cachait-il ou se préparait-il à les attaquer ?

« Une chose est certaine, dit Ned, il connaît le bois beaucoup mieux que nous. »

Figés, ils tendaient l'oreille. Pas le moindre bruit.

« Il n'y a plus qu'à renoncer », fit Bob.

Une seconde après, il s'écria :

« Écoutez ! »

Au loin, un moteur ronflait.

« Inutile de chercher à le rattraper. »

Déçus, ils rejoignirent les jeunes filles.

« Peu importe ! conclut Bess après avoir écouté leur récit. Qui sait s'il n'aurait pas tiré sur vous ? Tout me donne le frisson ici. J'imagine que des yeux me regardent du haut de ces fenêtres biscornues. »

Daniel éclata de rire.

« Entrons et voyons un peu à qui appartiennent ces yeux ! » dit-il.

Ned jeta un coup d'œil au fossé.

« Le feu est éteint. Sans doute avait-on versé de l'essence et y avait-on jeté une allumette. Il n'a pas duré longtemps. »

Alice suggéra que deux d'entre eux restent de garde auprès du pont pendant que les autres inspecteraient le manoir. Marion et Bob se proposèrent comme sentinelles.

Alice, Bess, Ned et Daniel pénétrèrent dans le vestibule. Selon Ned, l'escalier avait été construit en zigzag dans une intention précise. « De quand date cette maison ? » demanda-t-il. Alice lui répondit qu'elle avait une dizaine d'années.

« Auparavant, Robert habitait, avec ses

parents, une ancienne propriété de famille dont Mme Carrier a hérité à leur mort. Célibataire, Robert a voulu réaliser un vieux rêve : bâtir un manoir conforme à ses goûts.

— Examinons soigneusement cet escalier », proposa Ned.

Ils scrutèrent chaque marche, l'une après l'autre. Daniel fit observer qu'aucune ne rendait le même son.

« Écoutez bien », dit-il.

Il monta jusqu'en haut, puis redescendit en frappant le bois du talon.

Les yeux d'Alice s'agrandirent.

« Elles reproduisent les notes de la gamme ! » s'exclama-t-elle.

Daniel sourit. Il essaya de jouer un air en sautant des marches à intervalles irréguliers.

« C'est *J'ai du bon tabac*, reconnut Bess en riant de bon cœur.

— Exact, fit Daniel, maintenant voici *Au clair de la lune*. »

Ned entreprit de frapper les contremarches pour voir si elles produiraient, elles aussi, des notes différentes. Toutes rendaient le même son mat. Les rampes n'étaient pas non plus musicales.

« Robert a dû enregistrer un morceau de

musique, dit Bess. Cherchons la partition, elle nous révélera peut-être le secret de l'escalier. »

Tous applaudirent et déclarèrent « géniale » l'hypothèse de Bess. Sans perdre un instant, Ned et Alice allèrent au salon où ils fouillèrent parmi les livres, les tiroirs de commodes, sous les figurines…

« Bah ! Ces marches musicales ne sont qu'une autre invention farfelue de cet original », finit par conclure Ned.

Alice et lui rejoignirent leurs amis dans le vestibule. La jeune fille montra de la main la tapisserie orientale.

« J'ai l'impression qu'elle contient la clef du mystère », murmura-t-elle, songeuse.

Ned détailla d'un regard fasciné les motifs.

« Quelle inspiration ! Rien que des serpents affreux qui se contorsionnent et se repaissent de poison.

— Je ne m'y connais guère en poison, dit Alice. Et toi ?

— Nous avons suivi des cours sur ce sujet, répondit Ned. La plante que tu vois à droite est de la ciguë. Ce serpent-là mâchonne du colchique — fatal au bétail.

— Ce qui me déconcerte, reprit Alice, c'est

cet objet, au bas de la tapisserie. On dirait une flèche.

— C'en est une, confirma Ned. En Amérique du Sud, certaines tribus font, avec plusieurs sucs vénéneux, un mélange dont ils enduisent la pointe des flèches. C'est ce qu'on appelle le curare. Une blessure, même légère, faite avec ces pointes, entraîne inéluctablement la mort, le poison passant presque aussitôt dans le sang.

— Quel est ce magnifique serpent, que dévore celui dont l'aspect est le plus cruel ? voulut encore savoir Alice.

— Une espèce de cobra », répondit Ned.

Alice désigna un petit serpent.

« Celui-là je le reconnais, dit-elle, c'est le mocassin d'eau, n'est-ce pas ? J'en ai vu en Floride.

— Et cet horrible animal que tu vois se débattre dans la gueule du serpent à gauche du mocassin, c'est la veuve noire, araignée féroce, dont la piqûre est mortelle, poursuivit Ned.

— Comment découvrir le sens caché de cette tapisserie ? reprit Alice. Crois-tu que... ? »

Sa phrase resta en suspens. Des cris de détresse, provenant de la cuisine, se firent entendre. Alice reconnut la voix de Bess et de Daniel. Suivie de Ned, elle se précipita à leur secours. Oh ! Stupeur ! Ils n'étaient pas là. À leur place, se tenait le robot dont le regard vide ne leur apprit rien.

« Comment est-il sorti du cagibi ? s'étonna Alice. Où sont Bess et Daniel ? » se demandait-elle, folle d'angoisse.

Ned et elle eurent beau les appeler : pas de réponse. Ils cherchèrent en vain dans toutes les pièces du rez-de-chaussée.

« J'espère qu'ils ne s'amusent pas à nos dépens, dit Ned en fronçant les sourcils.

— Sûrement pas ! protesta Alice avec conviction. Ils ont peut-être eu la fâcheuse idée de sortir le robot du placard et celui-ci leur aura joué un tour à sa façon.

— Comment aurait-il pu ? fit Ned sceptique.

— Je n'en sais rien. Continuons nos recherches. Remets le robot en place, ferme bien le placard et, par mesure de sécurité, cachons la clef. »

Ils la dissimulèrent sous une statuette du salon.

« L'homme que nous avons vu s'enfuir, murmura Ned, a très bien pu sortir le robot du placard.

— C'est très possible, approuva Alice, puis il aura inséré une bande commandant certains gestes. Quand Bess et Daniel sont entrés dans la cuisine, le bruit de leurs voix aura déclenché le mécanisme. »

Les deux jeunes gens explorèrent la pièce du regard.

« Je ne vois rien, dit Ned. Allons dehors. Il se peut que Daniel et Bess aient réussi à s'échapper. »

Ils coururent à la porte d'entrée.

« Avez-vous vu Bess et Daniel ? crièrent-ils à Marion et Bob.

— Non, répondit Bob. Pourquoi cette question ? Sont-ils sortis ?

— Ils ont disparu, annonça Alice.

— Quoi ? » fit Marion, inquiète.

Bob fit le tour de la maison et revint en secouant la tête.

« Ils sont donc à l'intérieur, déclara Ned. Viens, Alice, il n'y a pas un instant à perdre. »

Marion et Bob auraient voulu participer aux recherches mais ils ne pouvaient laisser le pont sans surveillance. Les jeunes gens n'avaient pas envie de se trouver bloqués !

Alice et Ned retournèrent à la cuisine.

N'était-ce pas de là que les cris d'appel leur étaient parvenus ?

Après avoir examiné les murs, Alice se mit à quatre pattes pour étudier le sol composé de larges dalles blanches et noires. Ned l'éclairait avec une lampe torche.

Au centre de la cuisine, Alice repéra enfin un ensemble de dalles descellées. Elle essaya en vain d'en soulever une.

« Ned, dit-elle en prenant la lampe et en la promenant sur une surface d'environ un mètre carré, ces dalles constituent une trappe par laquelle Bess et Daniel ont disparu ! »

9
Le souterrain

« Une trappe ! répéta Ned, surpris. Nous avons pourtant marché à maintes reprises à cet endroit même sans qu'elle s'ouvre.

— C'est exact ! reconnut Alice. Et elle n'a plus l'air de vouloir bouger.

— Tu crois qu'elle s'est refermée après la chute de Bess et de Daniel ?

— Oui.

— Il y a peut-être un ressort dissimulé quelque part dans la cuisine », suggéra Ned.

Alice ne répondit pas ; elle réfléchissait.

« Je suppose, dit-elle enfin, que le robot était conçu pour ouvrir et fermer la trappe au bon moment.

— Il faut ouvrir cette trappe coûte que coûte, déclara Ned en serrant les mâchoires.

— J'ai une idée.

— Laquelle ?

— Si la bande est terminée, nous pourrions la remettre au début et le programme se répéterait.

— Essayons. Mais prenons garde avec ce mécanisme diabolique ! Il ne faudrait pas que le robot nous réduise, nous aussi, à l'impuissance. Que deviendraient Bess et Daniel ? »

Alice alla chercher la clef et ouvrit la porte du placard. Ned roula le robot à l'emplacement exact où Alice et lui l'avaient trouvé.

Ils lui soulevèrent la tête. La bande s'était déjà remise en place automatiquement. Alice appuya sur le bouton. Le bourdonnement se fit entendre. Les deux jeunes gens s'éloignèrent vivement de la trappe. Sans leur poids, cette partie du dallage basculerait-elle ? se demandaient-ils avec inquiétude.

Ils attendirent, les yeux rivés au robot : un faible déclic se produisit, le bruit augmenta d'intensité. La trappe ne bougea pas.

« Sans doute faut-il que quelqu'un marche dessus », dit Alice.

Les deux jeunes gens se mirent à plat ventre et appuyèrent de toutes leurs forces avec les mains, en prenant garde de ne pas trop avancer le corps sur les dalles suspectes. Enfin, la trappe s'abaissa.

« Tu avais raison, Alice », dit Ned.

S'avançant au bord du trou, il cria :

« Bess ! Daniel ! »

Aucune réponse ne lui parvint.

De crainte que la trappe ne se refermât, Alice s'empressa d'arrêter la bande. Le bourdonnement cessa.

Alice s'agenouilla. Avec sa lampe électrique, elle éclaira une sorte de puits, profond d'environ deux mètres, dont le sol était en terre.

Les jeunes gens poussèrent un soupir de soulagement : Bess et Daniel n'avaient pu se faire grand mal en tombant.

« Jusqu'ici tout va bien, murmura Alice. Mais où sont-ils ? »

Le projecteur de sa lampe éclaira tout en bas, sur la gauche, une ouverture qui donnait sans doute accès à un tunnel.

« Je descends, déclara Ned. Reste ici jusqu'à ce que je sache ce qu'il y a au fond. »

La porte d'entrée s'ouvrit. Alice se précipita

dans le vestibule. Ce n'était que Marion, follement inquiète.

« Que se passe-t-il ? Les avez-vous retrouvés ? demanda-t-elle.

— Pas encore. Mais nous croyons savoir où ils sont. Suis-moi. »

Alice emmena son amie à la cuisine. Marion demeura hébétée devant la trappe ouverte. Alice lui expliqua comment le robot en avait actionné le mécanisme.

« Marion, sois gentille, reste de garde ici. Je voudrais rejoindre Ned. La trappe ne peut pas se refermer puisque j'ai coupé le courant ; mais je me méfie quand même.

— Compte sur moi ! Je ne bougerai pas d'ici », promit Marion.

Alice se laissa légèrement tomber en bas.

« Ned ! » appela-t-elle.

Sa voix résonna dans le tunnel. Une réponse étouffée lui parvint.

« Je suis ici ! »

Alice franchit au pas de course le couloir voûté, construit en moellons. Il formait un coude brusque à gauche.

Au fond de ce boyau, Ned secouait une lourde porte. Alice pressa encore l'allure.

« Tu as trouvé quelque chose ? demanda-t-elle.

— Oui, je crois, répondit-il, plein d'espoir. Cette porte n'est pas là pour rien. J'ai frappé plusieurs fois. Si Bess et Daniel étaient de l'autre côté, ils m'auraient répondu. »

Alice voulut s'avancer, son pied heurta un objet dur. Elle dirigea dessus le faisceau de sa lampe.

« Oh ! murmura-t-elle. Ce n'est pas possible ! »

Elle se baissa et toucha l'objet. C'était la partie tronquée de la rampe qui s'enfonçait si mystérieusement dans le mur du vestibule.

« Ned ! regarde ! » dit-elle.

Il contempla avec surprise le morceau de bois. Pourquoi retenait-il l'attention d'Alice ?

« Sais-tu ce que cela signifie ? fit-elle, très agitée.

— Non. Quoi ?

— Autrefois, la rampe devait, comme l'autre, se prolonger jusqu'au bas de l'escalier. »

Dans l'excitation de cette découverte, Alice avait oublié, pendant une minute, la raison de sa descente dans le souterrain.

« Le mystère de l'escalier peut attendre,

dit-elle, honteuse. Forçons cette porte, Ned. »

Ils posèrent à terre leurs lampes électriques et secouèrent la lourde poignée. La porte remua un peu.

« Poussons ensemble ! » ordonna Ned.

L'instant d'après le battant cédait, et les deux jeunes gens s'affalèrent de l'autre côté.

10

Une lettre rassurante

Alice et Ned se relevèrent. Devant eux se dressait un escalier. Ils s'engagèrent sur la première marche.

« Bess ! Daniel ! » appela Alice.

Pas de réponse.

« Allons jusqu'en haut », dit Ned.

Ils se heurtèrent à une autre porte.

« Bess ! Daniel ! » cria Ned.

Une voix étouffée leur répondit enfin :

« Nous sommes ici ! Prisonniers. Délivrez-nous !

— Bess ! s'écria Alice, soulagée. Daniel est-il auprès de toi ?

— Oui, je suis là ! Cherchez un bouton dissimulé près du loquet de la porte. »

Alice et Ned dirigèrent leurs lampes sur l'endroit indiqué. Au début, ils ne virent rien.

« Tiens, regarde ici, dit enfin Alice, on dirait un nœud dans le bois, c'est peut-être le bouton. »

Ned le pressa fortement, la porte tourna sur ses gonds.

Bess tomba dans les bras d'Alice.

« Si tu savais... comme j'ai eu peur ! bégaya-t-elle. Nous n'espérions plus jamais sortir de cet endroit sinistre. »

Ils se trouvaient dans une sorte de tour, éclairée d'en haut par des vitres incassables scellées dans le ciment.

« Nous avons essayé de lancer des signaux, dit Daniel, à l'aide de la lampe électrique de Bess. Hélas ! Il semble bien que vous ne les ayez pas vus. »

Les quatre amis redescendirent l'escalier. Bess raconta comment ils étaient tombés dans le souterrain.

« Le robot était dans la cuisine quand nous y sommes entrés. Intrigué, Daniel s'est approché de lui, je l'ai suivi. Tout à coup, l'horrible bourdonnement s'est fait entendre, la seconde d'après le sol se dérobait sous nos pieds et hop ! nous nous sommes brutalement retrouvés au fond du trou.

— La trappe s'est alors refermée, poursuivit Daniel. Je suis monté sur une caisse qui traînait un peu plus loin et j'ai essayé de soulever cette maudite trappe. Rien à faire ! J'ai frappé dessus à coups de poing dans l'espoir de me faire entendre. Inutile. Le son était amorti.

— Alors nous avons décidé d'explorer le tunnel, reprit Bess, espérant qu'il débouchait à l'extérieur de la maison. Hélas ! nous n'avons réussi qu'à nous jeter dans un autre piège. »

Daniel précisa que la première et la seconde porte, qu'ils avaient pu ouvrir sans difficulté, s'étaient hermétiquement refermées derrière eux.

« Comme si tout cela avait été prémédité ! » dit Bess avec un frisson.

Au passage, Alice ramassa le morceau de rampe.

« Qu'est-ce que c'est ? demanda Bess.

— Regarde bien !

— La rampe ! Tu l'as trouvée ici ?

— Oui. Comprenez-vous ce que cela signifie ? reprit Alice.

— ... que la rampe a été sciée après la construction de l'escalier, répondit Ned.

— Pourquoi aurait-elle été sciée ? objecta Daniel. Si, selon les plans du constructeur, elle devait se terminer dans le mur à un mètre du sol, pourquoi ne pas l'avoir taillée en conséquence ?

— Cela, c'est encore un mystère à élucider », fit Alice en riant.

Bess et Daniel voulurent savoir par quel heureux hasard leurs amis avaient découvert la trappe.

« Êtes-vous tombés dans le trou, vous aussi ? demanda Bess.

— Non », répondit Alice.

Elle expliqua en détail comment les choses s'étaient déroulées et les précautions qu'ils avaient prises.

Entre-temps, ils étaient arrivés sous la cuisine. Avec l'aide de Marion, ils sortirent du trou.

« Ouf ! fit Marion. Inutile de vous dire combien je suis heureuse de vous revoir. »

Bess et Daniel lui racontèrent leur équipée involontaire.

Ils achevaient leur récit quand, dans le lointain, une horloge sonna les douze coups de minuit.

Alice regarda le visage fatigué de Bess.

« Rentrons au motel. Nous avons tous besoin de dormir, dit-elle.

— Proposition approuvée ! » déclara Daniel en étouffant un bâillement.

Alice prit avec elle le morceau de rampe. Une idée commençait à germer dans son esprit.

Ned referma la trappe et remit le robot dans le placard, dont Alice cacha la clef. Puis ils sortirent de la sinistre demeure après avoir éteint les lumières.

« Enfin, vous voilà ! s'exclama Bob. Je ne tenais plus en place. Voyez, mes cheveux ont blanchi ! Sans l'obligation de garder notre passerelle, je vous aurais rejoints. En vous attendant, j'ai cherché le pont métallique. Il faisait trop noir. Impossible de relever la moindre trace. Quoi qu'il en soit, je suis convaincu qu'il est au fond de l'eau. »

Après avoir franchi le fossé, ils cachèrent dans le bois les arbustes qui leur avaient servi. Cela fait, ils s'entassèrent dans la voiture de Ned.

Une fois sur la grande route, Bess reprit son entrain habituel… et retrouva son appétit.

« Si nous mangions quelque chose ? proposa-t-elle. Je meurs de faim. »

On leur servit, au bar du motel, un repas froid qui acheva de les remettre de leurs émotions. Après avoir bavardé un peu, ils échangèrent de joyeux bonsoirs.

Le lendemain matin, Ned, Bob et Daniel étaient déjà dans le hall quand les jeunes filles descendirent. Le réceptionniste tendit à Bess une lettre portant un cachet de l'Arizona.

« Je ne connais personne dans cette région », fit-elle, étonnée.

Sans déchirer l'enveloppe, elle suivit ses amis au restaurant où ils commandèrent du café au lait, des croissants et de la confiture.

Bess ouvrit alors sa lettre et commença à la lire. Un large sourire s'épanouit sur son visage.

« Voilà qui va vous clouer le bec, mesdemoiselles les incrédules, dit-elle, je tiens la preuve !

— De quoi ? » demanda Marion.

Bess rougit légèrement.

« Tu te souviens de Ronald Muir. Il quêtait en faveur des petits Indiens. Je ne vous l'avais pas dit, mais je lui ai donné de l'argent.

— Oh ! Bess, tu n'as pas commis une pareille sottise ! gronda Marion.

— Je t'en prie, ne te fâche pas, implora Bess. Cette fois, tu avais tort. La lettre que je lis a été écrite par un jeune Indien, Tom le Chamois Silencieux. La somme que j'ai confiée à Ronald Muir lui a été remise pour l'aider à poursuivre ses études. »

Après avoir parcouru la lettre, force fut à ses amies de reconnaître qu'elle était convaincante. Pourtant ni Marion ni Alice ne parvenaient à chasser les soupçons que leur inspirait Ronald Muir.

« Je parie que l'argent est dans sa poche et non pas dans celle de Tom, si Tom il y a », dit Marion.

Alice voulut ramener la paix entre les cousines :

« Ne condamnons pas cet homme avant d'avoir une preuve formelle de sa malhonnêteté.

— Je suis d'accord avec toi, approuva Ned. Voici notre petit déjeuner. Savourons-le en paix. »

Tous, à l'exception de Bess, mangèrent de bon appétit.

Apitoyé, Ned tenta d'animer la conversation et il se mit à plaisanter.

Bientôt, l'hilarité fut générale. Bess retrouva gaieté et gourmandise !

En sortant de la salle à manger, Alice dit à Ned en aparté :

« Ce Ronald Muir prétend avoir enseigné à Emerson.

— Dans ce cas, ce serait avant notre entrée à l'Université, répondit Ned. Il me sera facile de m'en assurer. »

Les jeunes gens devaient repartir. Ils allèrent chercher leurs valises et dirent au revoir aux trois amies.

Après leur départ, Alice annonça aux deux cousines son intention d'aller chez un menuisier. Elle désirait lui montrer le morceau de rampe qu'elle avait ramassé dans le souterrain.

« Je vais d'abord téléphoner à Mme Carrier pour lui demander son accord, puisqu'elle a la responsabilité du manoir. »

Elle appela la sœur de Robert Banister et lui résuma les événements de la soirée précédente. Mme Carrier montra une vive inquiétude :

« Alice, est-il bien prudent que vous poursuiviez cette enquête ? Vous courez des risques beaucoup plus grands que je ne l'imaginais.

— Je n'ai pas l'intention de renoncer, répondit Alice. Me donnez-vous l'autorisation de montrer ce morceau de rampe à un ébéniste ou à un menuisier ?

— Faites-le, je vous en prie ! Je vous recommande M. Hirley, rue Franklin. Il connaît toutes les essences de bois et il est d'une grande habileté. Il sera en mesure de répondre aux questions que vous lui poserez. »

Les trois jeunes filles partirent à pied. En chemin, Bess demanda :

« Qu'espères-tu tirer de cet homme ?

— Je voudrais savoir si la rampe a été sciée avant d'être posée ou après.

— Crois-tu qu'il pourra te le dire ?

— S'il est bon menuisier, oui. »

Tout en conversant, elles arrivèrent à l'adresse indiquée.

L'atelier de M. Hirley était d'une propreté parfaite. Des figurines en bois étaient disposées sur des rayonnages. L'artisan était assis à son établi, au fond de la pièce. À l'entrée des jeunes filles, il se leva et s'avança à leur rencontre.

« Que désirez-vous, mesdemoiselles ? » dit-il avec un aimable sourire.

Alice lui exposa le motif de sa visite. Puis elle sortit le morceau de rampe de son sac et le lui tendit.

M. Hirley le prit et s'écria :

« Où l'avez-vous trouvé ? »

11
Un indice précieux

Un instant, Alice fut tentée de lui dire d'où venait ce bois. Réflexion faite, elle se contenta de répondre :

« Dans une cave et cela m'a intriguée. Je suis curieuse de savoir pourquoi on l'a scié. »

Le menuisier sourit.

« D'abord j'ai cru reconnaître une pièce sculptée que j'avais vue sur une photographie. On a peut-être enlevé cette partie parce qu'elle n'était pas parfaite ou parce qu'elle n'était pas identique à celle de l'autre rampe. »

Alice faillit s'écrier : « Oh ! si ! Elle est identique ! »

Mais elle se reprit et demanda :

« Depuis combien de temps a-t-elle été enlevée ? Vous est-il possible de préciser ?

— Rien de plus facile », répondit M. Hirley.

Il examina à la loupe le bois d'acajou.

Pendant ce temps, Alice, Bess et Marion échangeaient des regards éloquents. Les deux cousines avaient enfin deviné la vraie raison de cette visite et elles avaient peine à attendre la conclusion du menuisier.

« À en juger d'après la couleur du bois à l'endroit où il a été scié, dit-il, cela remonte à environ trois ans. »

Alice eut peine à contenir sa joie. Ainsi son flair ne l'avait pas trompée. La paroi dans laquelle s'enfonçait la rampe tronquée avait été construite postérieurement à la maison.

« Pourquoi ce mur supplémentaire, pourquoi ? » se répétait la jeune fille sans trouver de réponse.

Un doute l'effleura : M. Hirley se tromperait-il ? Il était plus sage de ne pas échafauder des hypothèses avant d'avoir eu une confirmation sur ce point.

Elle reprit le bois des mains du menuisier et dit :

« C'est Mme Carrier qui nous a conseillé

de vous consulter. Auriez-vous eu l'occasion de travailler pour son frère Robert ?

— Non, mais j'ai entendu parler de sa maison. »

Alice remercia M. Hirley de son obligeance. Elle se disposait à partir avec ses amies quand il reprit :

« Écoutez, je viens de me rappeler quelque chose. Un de mes amis a travaillé là-bas, il m'a même montré des photos. Si cela vous intéresse, il vous parlera volontiers de cette ahurissante demeure. Il est intarissable sur le sujet. Allez donc le voir de ma part.

— Où habite-t-il ?

— À Albarock. Son atelier est facile à trouver. Dans la rue principale, au numéro 27. Il s'appelle Hugo Jones. »

Alice remercia M. Hirley et les trois jeunes filles repartirent.

Elles passèrent au motel chercher la voiture et prirent la direction d'Albarock. Sans cesse, la conversation revenait sur le mur bâti par Robert plusieurs années après le manoir.

« J'espère, dit tout à coup Bess, que tu ne caresses pas l'idée d'abattre ce que tu crois être un faux mur. Qui sait quels dangers il dissimule !

— Par exemple ? fit Marion.

— Je n'en sais rien. N'importe quoi... des serpents, des...

— Ton imagination prend parfois un tour maladif, coupa Marion.

— Au lieu de te moquer de moi, dis-nous alors ce que cache ce mur ?

— Peut-être un trésor fabuleux », répondit vivement Marion.

Bess secoua la tête.

« S'il possédait des richesses, Robert aurait pu régler ses dettes, objecta-t-elle.

— Non, parce que c'est un escroc. Plus il en a, plus il en désire », répliqua Marion.

Alice interrompit la discussion en faisant remarquer qu'elles avaient manqué le panneau indiquant Albarock.

« Je vais faire demi-tour. Je vous en prie, ouvrez l'œil. »

Au bout de deux kilomètres environ, Bess aperçut la flèche portant le nom du village. Alice suivit la direction et, dix minutes plus tard, elle s'arrêtait devant l'atelier du me-nuisier.

« Votre ami, M. Hirley, nous a suggéré de vous rendre visite, commença Alice après être entrée. De passage dans la région, nous avons été vivement intriguées par le manoir

Banister. M. Hirley nous a dit que vous aviez participé à sa construction.

— Pas vraiment, répondit le menuisier. Je me suis borné à ajouter un placard dans la chambre de M. Banister. Quelle drôle d'habitation !

— Il y a longtemps de cela ? demanda Alice.

— Attendez un peu que je me rappelle ! Disons cinq ans au plus. »

Le cœur d'Alice se mit à battre plus fort. Elle cherchait quelle autre question poser quand M. Jones reprit :

« Si vous souhaitez visiter cette maison, je crains de ne pas vous être d'un grand secours. Son propriétaire a disparu. Accusé d'escroquerie, il a été arrêté, puis libéré sous caution — ce qui ne l'a pas empêché de fuir. C'est grand dommage qu'il ait mal tourné parce que c'était un homme remarquable et si intelligent ! »

M. Jones était très bavard.

« De toutes les excentricités de M. Banister, c'est l'escalier de sa maison qui l'emporte, déclara-t-il. Du haut en bas, il n'y a pas deux marches formant le même angle. Ce ne sont que zigzags, contorsions. Jamais je n'ai vu quelque chose d'aussi loufoque ! Ce qu'il y a de plus curieux, c'est qu'au départ la ligne est très gracieuse et parfaitement normale.

— Normale ? Dans quel sens ?

— Eh bien, les rampes se terminent par des pommes harmonieuses et les deux premières marches ressemblent à n'importe quelles autres du même modèle.

— M. Banister vous a-t-il dit pourquoi il a choisi une forme aussi biscornue ? voulut savoir encore Alice.

— Non, il ne parlait pas beaucoup et, la plupart du temps, il me laissait seul. Il ne m'a pas donné l'impression d'être bizarre ou anormal. Pourtant il ne doit pas avoir toute sa raison à en juger d'après son manoir. J'ai pris quelques photos. Cela vous amuserait-il de les voir ?

— Oh ! oui ! » répondit Alice.

Tout en cherchant dans ses tiroirs, le menuisier continuait à discourir :

« J'avais vu la maison de l'extérieur. Aussi quand M. Banister m'a prié de venir, j'ai emporté avec moi un appareil photographique et un flash. Comme ça, me suis-je dit, si elle est aussi bizarre au-dedans qu'au-dehors, je prendrai des clichés. »

Alice murmura à Marion :

« La chance est avec nous, aujourd'hui. »

M. Jones trouva enfin les photos qu'il cherchait et les étala sur une table en expliquant ce qu'elles représentaient. Rien n'était nouveau pour les jeunes filles, à part l'escalier du grand vestibule. À sa vue, Bess ne put retenir un cri de surprise.

« Je prévoyais que vous auriez un choc ! fit en riant le menuisier. Je suis prêt à parier ma modeste fortune qu'il n'a pas son pareil.

— Sûrement pas ! » approuva Bess.

L'escalier partait du centre du vestibule : ses rampes et les deux pommes qui les terminaient étaient identiques ! Alice tenait la preuve que Robert avait fait bâtir le mur du bas au cours des cinq dernières années.

« On dirait que ces photos vous intéressent, dit M. Jones. J'en possède quelques-unes en double. Les voulez-vous ?

— Avec plaisir, monsieur, répondit Alice. Me permettrez-vous de les payer ? Ne fût-ce que le tirage ?

— Non, non, pas question ! »

Avec un clin d'oeil malicieux, il ajouta :

« Ce n'est pas tous les jours que j'ai l'occasion de recevoir dans mon atelier trois jolies demoiselles. Laissez-moi vous offrir ce petit cadeau ! »

Alice prit les photos qu'il lui tendait, le remercia vivement ; Bess et Marion le gratifièrent d'un sourire et elles remontèrent toutes trois en voiture.

Alice ne se tenait plus de joie.

« Mes hypothèses se confirment, dit-elle. Je voudrais déjà être dans la maison de Robert.

— Modère ton impatience, implora Bess. L'heure du déjeuner est depuis longtemps passée, mon estomac crie famine. »

Elles s'arrêtèrent dans une auberge où on leur servit un excellent repas. Après le café, elles reprirent la route de Seyton Hill.

« J'ai envie de montrer ces photos à Mme Carrier, dit Alice au bout d'un moment.

— De toute manière, il faut aller lui rendre la clef », rappela Marion.

Elles parlèrent de choses et d'autres.

« Crois-tu que Robert va revenir ? demanda Bess tout à coup.

— Cela m'étonnerait, répondit Marion. Pourquoi se jetterait-il dans la gueule du loup ? Il doit être occupé à escroquer des gens dans quelque ville lointaine. Ici, il se sait recherché par la police. »

Mme Carrier leur ouvrit la porte.

« Comme je suis contente de vous revoir, dit-elle avec un bon sourire ! Je ne cesse de m'inquiéter à votre sujet ! »

Elle les embrassa l'une après l'autre et les emmena au salon.

« Où en êtes-vous de votre enquête ? » demanda-t-elle.

En se relayant, les jeunes filles lui racontèrent les démarches qu'elles avaient accomplies dans la matinée. Alice lui présenta les photos du manoir.

« C'est extraordinaire ! fit Mme Carrier en examinant celle où l'on voyait l'escalier tel qu'il était à l'origine. Si Robert ne réapparaît pas d'ici peu, nous ferons abattre le mur de droite. Que peut-il dissimuler ? »

Songeuse, elle garda un instant le silence.

« Devinez qui est venu ici ce matin ? reprit-elle.

— Votre frère Thomas ? dit Bess.

— Non.

— Mon père ? avança Alice.

— Non. Cherchez encore !

— Ned, Bob et Daniel ? » dit à son tour Marion.

Mme Carrier secoua la tête.

« Je donne ma langue au chat, déclara Alice.

— Moi aussi, s'écrièrent en chœur les deux cousines.

— M. Ronald Muir ! C'est une surprise, n'est-ce pas ? »

12

Nouvelles victimes

« Ronald Muir vous a rendu visite ? fit Bess, étonnée. Celui qui s'intéresse au sort des petits Indiens ? »

Mme Carrier sourit.

« Oui. Il m'a dit vous connaître. C'est un homme charmant. Nous avons eu une conversation très agréable. »

Alice et Marion échangèrent un regard entendu mais elles gardèrent le silence.

« Vous a-t-il parlé des enfants auxquels il vient en aide ? reprit Bess.

— Oui. Il m'a confié que vous aviez été assez bonne pour assumer les frais d'éducation de l'un d'entre eux. »

Le visage de Bess s'éclaira.

« J'ai déjà reçu une lettre de remerciements de ce petit garçon. Il s'appelle Tom le Chamois Silencieux. »

Elle sortit la lettre de son sac à main, la tendit à Mme Carrier. Après l'avoir parcourue, l'aimable femme poussa un soupir de soulagement.

« Si j'avais eu besoin d'une preuve de la sincérité de M. Muir, dit-elle, il n'y en aurait pas de meilleure. »

Bess voulut savoir si Mme Carrier avait pris, elle aussi, à sa charge un jeune Indien.

« Oui, répondit-elle. Une adorable petite fille. M. Muir m'a promis qu'elle m'écrirait dès qu'elle aurait reçu la somme que je lui ai confiée à son intention. »

De nouveau, Alice et Marion se regardèrent. Leurs soupçons étaient loin d'être apaisés. Toutefois, si Mme Carrier recevait une lettre, elles changeraient peut-être d'avis.

« Madame, intervint Alice, avez-vous remis un chèque au nom de M. Muir ou au nom d'une œuvre ?

— À celui de M. Muir, comme il le désirait. Ai-je eu tort ?

— Non, non, protesta Bess. Voyez-vous,

madame, mes amies éprouvent une antipathie irraisonnée pour M. Muir. Elles n'ont pas la moindre confiance en lui. »

Bess arborait une expression de mépris, nuancée d'un sourire.

« À franchement parler, dit Marion, il nous a déplu au premier abord. J'espère, madame, que votre chèque ne servira pas à alimenter son compte en banque personnel.

— Que voulez-vous dire ? s'écria Mme Carrier, inquiète.

— Les lettres écrites par ces enfants pourraient très bien n'être que des faux, répondit Marion.

— Seigneur ! s'exclama Mme Carrier. Je n'avais pas envisagé cette éventualité. Je devine votre pensée : M. Muir pourrait avoir en Arizona un complice qui enverrait ces lettres.

— Exactement ! » fit Marion.

Alice ramena la conversation sur le sujet qui lui tenait à cœur.

« Je voudrais déjà être dans le manoir et examiner de nouveau ce mur, murmura-t-elle.

— Patience ! Je vous demande instamment de ne pas vous y rendre seules, répondit

Mme Carrier. J'ai pu trouver un homme pour le garder. Il y a consenti à la condition expresse de rester à l'extérieur. Donc il sera toujours aussi dangereux de pénétrer dans cette construction diabolique. Je ne veux pas que vous tombiez encore dans une fosse, que vous soyez enfermées dans une tour, ou attaquées par le robot. »

Alice eut peine à cacher sa déception. Comment poursuivre son enquête sans enfreindre les consignes de Mme Carrier ?

La sonnette de la porte d'entrée tinta. Mme Carrier alla ouvrir et revint peu après, suivie de son frère et d'un couple qu'elle présenta sous les noms de M. et Mme Jacques.

« Vous pouvez parler librement devant ces jeunes filles, dit-elle. Elles nous aident à chercher mon frère Robert. »

Mme Jacques dévisagea sans aménité les trois amies. Elle avait des traits durs, une expression déplaisante. Sa coiffure et sa robe de couleur criarde étaient du plus mauvais goût.

« Je n'ai jamais été aussi humiliée de ma vie ! s'écria-t-elle. Nous avons été jetés à la porte du Club de la Montagne alors que mon mari avait versé une somme considérable pour y être admis !

— Je ne comprends pas », fit Mme Carrier.

M. Jacques, un homme mince, au regard perçant, aux lèvres ourlées d'une fine moustache, au menton prolongé par une barbiche, se redressa et parla avec autorité :

« Votre frère Robert nous a proposé de nous introduire dans ce club. Connaissant la réputation dont votre famille jouit dans la région, l'idée ne nous a pas effleurés qu'il pouvait s'agir d'une supercherie ou plutôt d'une escroquerie.

— Une escroquerie ! Encore ! s'écria Mme Carrier, effondrée.

— Oui, escroquerie ! C'est le terme exact, madame. »

En disant ces mots, le visage de M. Jacques s'empourpra de colère.

« Votre frère nous a extorqué beaucoup d'argent, que j'ai l'intention de récupérer », reprit-il.

M. Thomas l'interrompit :

« Si vous racontiez plutôt à ma sœur et à ces demoiselles comment les choses se sont passées ?

— Nous savions, dit M. Jacques sur un ton

plus calme, qu'il y avait une longue liste d'attente, lorsque votre frère s'est présenté à nous. Il s'est engagé à nous faire inscrire tout de suite à ce club sans nous préciser d'ailleurs comment il s'y prendrait. Nous avons d'abord supposé que son nom seul suffirait à nous en ouvrir les portes. »

Mme Jacques promena un regard dédaigneux autour d'elle et prit à son tour la parole :

« Il nous a remis un formulaire à remplir en nous prévenant que nous aurions à verser une somme pour l'inscription et une autre pour faire passer notre nom en tête de la liste d'attente…

— Avez-vous reçu une carte de membre ? coupa Alice.

— Oui, répondit Mme Jacques. Peu après, ayant appris qu'un bal était organisé au club, nous nous y sommes rendus. Le portier nous a demandé nos cartes. "Simple formalité !" avons-nous pensé.

— Et il n'en était rien ? fit Marion.

— Non. Il nous a priés de nous asseoir, répondit M. Jacques, et il a disparu pour revenir en compagnie d'un monsieur, le secrétaire général, je crois. Après avoir examiné la carte avec surprise, ce monsieur nous a dit qu'elle était fausse. À l'appui de cette affirmation, il nous a montré la sienne : elle était tout à fait différente. La colère m'a saisi…

— … et nous avons été traités d'une manière révoltante, explosa de nouveau Mme Jacques. On nous a obligés à rester dans le hall jusqu'à l'arrivée du président. Très hautain, il a déclaré n'avoir jamais entendu parler de nous. Nous avons été fermement invités à nous retirer. »

Mme Carrier avait pâli de honte. Dans un silence contraint, elle écouta M. Jacques raconter comment il avait menacé d'intenter une action contre le club.

« Je ne suis pas encore sûr de ne pas le faire », ajouta-t-il.

Après avoir d'abord compati à la mésaventure du couple, Alice éprouva un vif agacement. Pourquoi avaient-ils voulu s'introduire de force dans ce club et prendre la place des autres personnes inscrites avant eux ?

« Monsieur, dit-elle calmement, êtes-vous certain d'avoir le droit de porter plainte contre le club ? Ce ne sont ni le président ni les membres de la direction qui vous ont lésés.

— Robert Banister en est membre, du moins il le prétend, répliqua l'homme. Allons, viens, Milly ! Ces gens n'ont aucun sens de l'honneur ni de la famille : ils ne rembourseront pas les dettes de leur frère.

— Nous retrouverons bientôt mon frère, dit Mme Carrier, et vous serez dédommagés. »

Le couple éclata d'un rire sarcastique.

« Vous ne reverrez jamais cet escroc ! » s'écria M. Jacques.

Les deux irascibles visiteurs firent claquer la porte derrière eux. Des larmes montèrent aux yeux de Mme Carrier. M. Thomas prit un air sombre.

Alice s'efforça de les réconforter :

« Ces gens ne nous ont fourni aucune preuve à l'appui de leurs dires. Ils n'ont même pas cité le montant de la somme qui leur aurait été extorquée. Je vous en prie, cessez de vous tourmenter ! Je vais appeler mon père, il nous donnera peut-être un conseil.

— Faites-le, je vous en serai reconnaissant », répondit M. Thomas.

M. Roy fut ravi d'entendre sa fille. Il écouta avec un vif intérêt le compte rendu qu'elle lui fit de ses activités. Il recommanda ensuite à Mme Carrier et à son frère Thomas de ne pas s'inquiéter outre mesure. Les Jacques ne pouvaient déposer de plainte ni contre eux, ni contre le club. Seul Robert était civilement responsable des délits qu'il commettait.

« Mme Carrier et Thomas sont au désespoir, reprit Alice. Jamais ils n'auraient cru leur frère capable d'autant de vilenies ! As-tu appris du nouveau de ton côté ?

— Oui, j'ai réussi non sans peine à retrouver une trace de Robert. Il aurait récemment fait l'acquisition, à Miami, d'un yacht équipé d'un moteur très puissant, et serait aussitôt parti.

— Sait-on vers quel pays ?

— Hélas ! non. Tous les ports de la côte Atlantique, et ceux des Caraïbes, ont été alertés. Si le yacht pénètre dans leurs eaux, Robert sera aussitôt arrêté. Or il sera bien obligé de se ravitailler en carburant.

— Bravo, papa ! Grâce à toi il ne va pas tarder à être pris ! »

Alice parla ensuite à son père des photos de l'escalier prises avant la construction du mur.

« Je suis persuadée, conclut-elle, que

Robert a dissimulé, derrière, des objets de valeur. Ne pourrais-tu faire un saut jusqu'ici et nous aider dans nos recherches ?

— Entendu ! » répondit M. Roy.

Alice revint au salon et résuma son entretien avec son père. Mme Carrier et Thomas furent très contents d'apprendre la venue de M. Roy à Seyton Hill.

« Je vous accompagnerai chez Robert, déclara Mme Carrier.

— Nous passerons vous prendre à dix heures, promit Alice. Et vous, Thomas, ne viendrez-vous pas avec nous ?

— Non. J'ai un rendez-vous d'affaires impossible à annuler. »

Mme Carrier retint les jeunes filles à dîner. Peu après neuf heures, elles rentrèrent au motel. Le réceptionniste tendit une lettre à Alice.

« Quelqu'un l'a déposée sur le comptoir en mon absence, dit-il. Comme vous le constaterez, elle ne porte ni timbre ni adresse au dos de l'enveloppe. »

Alice la prit et l'examina avec surprise. Son nom avait été tapé à la machine.

Les trois amies se hâtèrent de gagner leur

chambre. Après avoir refermé la porte, Alice décacheta l'enveloppe.

Elle ne contenait qu'une feuille de papier sur laquelle étaient inscrits ces quelques mots :

Cherchez le bracelet du squelette.

13

Portraits de famille

« Quel conseil macabre ! » s'exclama Bess en relisant le message mystérieux.

Alice et Marion semblaient, elles aussi, vivement impressionnées. Elles sentaient comme une menace planer sur elles. Alice regarda le papier, puis l'enveloppe, à contre-jour, dans l'espoir d'y déceler des taches ou des empreintes qui permettraient à la police de remonter jusqu'à l'auteur de cette lettre.

« Rien ! soupira-t-elle, déçue.

— Ne serait-ce pas une plaisanterie ? suggéra Marion.

— Elle serait de très mauvais goût, protesta

Bess. Qui pourrait se livrer à ce genre de divertissement ?

— Non, selon moi cette lettre a une signification réelle, intervint Alice. D'ordinaire les farceurs signent leurs messages d'un nom fantaisiste ; dans le cas présent, ce pourrait être : "Docteur Rotule" ou "Monsieur Fémur".

Marion et Bess éclatèrent de rire.

« Où chercher ce squelette et son bracelet ? demanda Bess en reprenant son sérieux.

— Chez Robert, selon toute vraisemblance, répondit Alice.

— Oui, derrière le mur postérieur à la construction », approuva Marion.

Alice décrocha le téléphone.

« J'appelle Mme Carrier. Il est possible qu'elle puisse nous éclairer sur ce point. »

Mme Carrier se montra aussi surprise que l'avaient été les trois amies.

« Je ne pense pas non plus qu'il s'agisse d'une mystification, dit-elle.

— Qui, d'après vous, m'a adressé ce mot ?

— Je l'ignore. Nous n'avons qu'une certitude : ce n'est pas Robert puisque à l'heure actuelle il est quelque part en mer. »

Alice raccrocha et reprit la discussion avec ses amies.

« Qui sait si nous ne trouverons pas un bracelet de grand prix au poignet d'un squelette ? » dit Bess.

Marion eut un sourire amusé.

« Je préfère, quant à moi, voir le bracelet sans squelette. Je parie qu'il ornait le bras d'une momie égyptienne : une reine peut-être », ajouta-t-elle.

Alice commença à se dévêtir.

« Par pitié ! Taisez-vous. Je n'ai pas la moindre envie d'avoir des cauchemars toute la nuit. N'oubliez pas que nous devons être en pleine forme demain : j'ai l'intention de fouiller le manoir de fond en comble. »

Les jeunes filles passèrent à des sujets plus gais. Une demi-heure plus tard, elles dormaient d'un profond sommeil… sans rêves !

Le lendemain matin, quand elles entrèrent au restaurant, M. Roy les attendait déjà. Alice courut l'embrasser.

Après avoir passé la commande à la serveuse, M. Roy s'inquiéta de savoir si elles s'étaient bien reposées et n'avaient pas eu de nouvelles émotions.

Les trois amies eurent un sourire malicieux.

« Voyons, monsieur, dit Marion, croyez-vous que tant d'heures puissent s'écouler sans qu'un mystère surgisse sous les pas de notre célèbre détective ?

— Hum ! Hum ! fit M. Roy. Voilà un préambule qui promet ! »

Alice sortit la lettre de son sac à main et la tendit à son père.

« Ce conseil paraît en effet assez aberrant, remarqua-t-il après avoir lu le bref message. Voyons, Alice, expose-moi la théorie que tu as sûrement échafaudée sans m'attendre ! »

En riant de bon cœur, Alice lui fit part de l'hypothèse avancée non par elle mais par Bess.

L'avocat convint que cette supposition n'avait rien d'invraisemblable. Robert pouvait avoir emmuré un squelette couvert de bijoux, dérobé à un site archéologique.

Alice voulut ensuite connaître l'opinion de son père sur la provenance de la lettre.

« D'ordinaire, répondit-il, les auteurs de lettres anonymes sont des êtres assez veules, trop lâches pour dire ouvertement ce qu'ils pensent ou savent. »

Peu après dix heures, M. Roy, Alice, Bess et Marion montèrent en voiture. Ils prirent au passage Mme Carrier.

Alice avait à peine arrêté le cabriolet sur le terre-plein, près du fossé, que Bess s'écria :

« Le pont a été remis en place ! J'espère qu'il y restera, cette fois ! »

Songeant à leur sécurité, Marion conseilla :

« Par mesure de prudence, transportons les arbustes de l'autre côté de l'eau pour le cas où la passerelle disparaîtrait de nouveau.

— Sage précaution ! approuva M. Roy. Il est évident qu'un fauteur de troubles, autre que Robert, est impliqué dans les faits étranges qui se déroulent ici. Si le frère de Mme Carrier croise au large des côtes, il ne saurait être tenu pour responsable des apparitions et disparitions de ce pont.

— Pas plus qu'il ne peut avoir déposé un message mystérieux au motel, ajouta Alice.

— Il est possible que ce soit l'homme que nous avons vu s'enfuir d'ici l'autre soir », avança Marion.

Alice acquiesça d'un mouvement de tête.

M. Roy et les jeunes filles sortirent les arbustes de leur cachette et les transportèrent de l'autre côté de l'eau. Le garde, Morton, vint à leur rencontre. Après avoir salué Mme Carrier, qui l'avait engagé, il sollicita la permission de s'absenter une heure. À la question que lui posa M. Roy, il répondit :

« Oui, monsieur, quand je suis arrivé ce matin à l'aube, le pont était là.

— Ces apparitions et disparitions sont plutôt inquiétantes, reprit M. Roy. Il serait imprudent de laisser des branches en vue, le prestidigitateur mystérieux pourrait nous couper toute retraite.

— Vous pourriez les cacher derrière la maison, sous un tas de broussailles que j'ai repéré tout à l'heure », répondit le garde.

Il aida les jeunes filles à effectuer cette opération, puis les quitta.

Mme Carrier entra dans la maison en compagnie de l'avocat et des trois amies.

« Par où commençons-nous ? » demanda Bess.

Sans répondre, M. Roy se dirigea vers l'escalier en zigzag dont il étudia l'architecture. Alice concentra son attention sur les rampes en les comparant avec les photos prises par le menuisier. Elle se rendit ensuite dans la pièce à côté, le salon, où elle examina la bibliothèque qui couvrait le mur de séparation avec le vestibule.

« Pourquoi prends-tu cet air perplexe ? dit Marion. Aurais-tu trouvé un indice ?

— Regarde ces rayonnages, fit Alice. Leur forme arrondie m'intrigue. Il se pourrait qu'ils pivotent autour d'un axe. En abattant la paroi d'origine et en construisant la nouvelle, Robert a peut-être voulu aménager un espace secret. »

Marion poussa un rayon, la bibliothèque ne bougea pas.

« Il doit y avoir un mécanisme invisible », dit-elle.

Alice explorait déjà le mur de l'autre côté. Elle ne réussit à découvrir ni bouton, ni levier, ni panneau dissimulé.

Le regard perdu dans le vague, elle réfléchissait. Impatientée, Marion ronchonna :

« Nous piétinons, c'est à enrager ! »

Pendant ce temps, Bess passait en revue les nombreux volumes alignés sur les rayons.

« Robert est un véritable rat de bibliothèque, déclara-t-elle non sans un certain respect.

— Oui, il a toujours eu le goût de la lecture, dit Mme Carrier. Mais, dans ce domaine aussi, il marquait une originalité inquiétante. »

Tout à coup Bess poussa un cri.

« Voilà un livre susceptible de nous fournir une indication », dit-elle.

Elle le prit et le feuilleta. C'était un ouvrage d'anatomie, traitant du corps humain. La couverture représentait un squelette.

« Il ne porte pas de bracelet », commenta Marion.

Alice enleva plusieurs autres volumes puis inspecta le fond du rayon.

« Oh ! fit-elle.

— Qu'y a-t-il ? » demanda aussitôt Mme Carrier.

Alice poussa un panneau. Elle entrevit vaguement des contrepoids. Au hasard, elle en toucha un.

La bibliothèque commença de pivoter.

Mme Carrier et les jeunes filles reculèrent vivement et attendirent. À leur grande stupeur, une douzaine de portraits apparurent. Ils étaient tous encadrés de bois doré.

« Les visages sont dissimulés sous une couche de peinture noire ! s'exclama Bess. Pourquoi ? Qui a pu commettre un tel acte de vandalisme ? »

Mme Carrier semblait frappée de mutisme. Les jeunes filles remarquèrent qu'au bas des tableaux des plaques gravées portaient des noms. Certains tableaux représentaient des hommes, d'autres des femmes, tous des Banister.

« Pourquoi, mais pourquoi avoir fait cela ? reprit Bess.

— Je peux vous répondre, dit Mme Carrier. Mon frère Robert haïssait notre famille. J'en ignore la raison. Sans doute lui reprochait-il un conformisme contraire à son propre tempérament. Quelle pitié ! Enfant, j'admirais ces portraits, peints par de grands artistes. »

Dans le vestibule, M. Roy avait examiné de bas en haut le mur construit en dernier. Il s'arrêta plus longuement au premier étage, où il se livra à une expérience. Ayant repéré une légère fente entre le haut de la paroi et le plafond, il y glissa une pièce de monnaie et tendit l'oreille, guettant un son mat. Juste à ce moment, les exclamations poussées dans le salon noyèrent tout autre bruit.

M. Roy se précipita au rez-de-chaussée et s'arrêta net, surpris par ce qu'il voyait.

« Quelle découverte ! s'écria-t-il. Bravo ! Vous avez bien travaillé. Qui s'est amusé à noircir les tableaux de cette façon ? »

Mme Carrier parla de la haine vouée par Robert aux membres de sa famille.

L'avocat étudia longuement les portraits.

« Alice, cette couche noire ne cacherait-elle pas un indice ? »

Poussée par une légitime curiosité, Marion voulut inspecter l'espace dégagé par la bibliothèque.

« Prête-moi ta lampe, Alice, s'il te plaît », demanda-t-elle.

Elle promena le faisceau sur le meuble pivotant. Tout à coup, sans que rien l'eût fait prévoir, la bibliothèque tourna de nouveau sur son axe invisible.

« Prends garde ! » hurla Bess.

Marion fit un bond en arrière et, dans sa hâte, laissa tomber la lampe d'Alice.

« Je suis désolée, dit-elle, confuse.

— Ne regrettez rien, intervint M. Roy. Le bruit qu'a fait cette lampe en atterrissant m'a appris qu'il y avait un parquet...

— Ce qui signifie, conclut Alice, que, quand nous nous risquerons dans cet espace, nous ne tomberons pas dans le vide. »

La bibliothèque avait repris sa position normale. M. Roy exprima le désir de revoir les portraits. Alice passa le bras à travers l'ouverture du panneau et tira le contrepoids. Rien ne bougea. Elle recommença. Toujours rien.

« Quelle malchance ! s'exclama-t-elle. J'ai dû faire une fausse manœuvre et casser le mécanisme. »

Ils eurent beau réunir leurs efforts, ils ne parvinrent pas à faire pivoter la bibliothèque d'un seul centimètre.

« Seigneur ! fit Bess, il y a de quoi devenir enragé ! »

14

La réalité dépasse l'imagination

Mme Carrier restait accablée.

« Je ne pardonnerai jamais à mon frère d'avoir abîmé ces portraits. »

Elle se tut puis reprit :

« S'il ne réapparaît pas sous peu, je ferai démonter la bibliothèque pour reprendre les tableaux. Il se peut qu'un spécialiste réussisse à enlever cette couche noire. »

Alice tenta d'apaiser la colère et le chagrin de la malheureuse femme.

« Je suis sûre qu'on pourra arranger ces tableaux, dit-elle. Les galeries d'art ont des artisans remarquables. »

Pensant que Mme Carrier se calmerait plus vite si elle s'éloignait du salon, Alice poursuivit :

« Mon père n'a pas visité toute la maison la première fois qu'il est venu. Auriez-vous l'obligeance de lui servir de guide ? Je vous accompagnerai. »

Mme Carrier accepta volontiers. Elle invita M. Roy à la suivre. Bess et Marion continuèrent leurs recherches dans les rayons de la bibliothèque.

Au passage, l'avocat étudia avec intérêt les motifs assez inhabituels sculptés dans le bois. Peu à peu la sœur de Robert retrouva sa sérénité coutumière.

« Je parie, monsieur, dit-elle même en riant, que vous n'avez jamais eu l'occasion de mettre les pieds dans une demeure aussi bizarre.

— Non, en effet, répondit M. Roy. J'imagine que votre frère a dû beaucoup s'amuser en la construisant. Ce qui m'étonne le plus, c'est qu'il n'ait invité aucun de ses proches. »

Mme Carrier avoua ne pas comprendre non plus le secret dont il s'était entouré, ni la solitude dans laquelle il vivait.

« Il semble n'avoir eu qu'un robot pour compagnon.

— Je préférerais, quant à moi, un serviteur en chair et en os », déclara M. Roy.

À ce moment, des cris s'élevèrent. C'était Bess qui les appelait. Ils accoururent et regardèrent le livre qu'elle leur présentait : *Découvertes archéologiques : les bijoux*.

« Voyez cette page », dit Bess.

Une illustration représentait un bracelet d'or formé de serpents entrelacés. Leurs yeux étaient des rubis. Sur leurs corps, l'orfèvre avait serti des turquoises. La page, nota Alice, était marquée par un signet.

« Ce doit être le fameux bracelet ! reprit Bess, très agitée. L'auteur parle d'un bracelet trouvé sur le bras d'un squelette, sans doute celui d'une jeune femme aztèque. »

Marion se mit à lire à haute voix le passage en question :

« Un mystère plane sur l'origine de ce merveilleux bijou. Au cours de fouilles récentes, opérées dans une zone située à l'écart des villes déjà explorées, des archéologues ont mis au jour le squelette d'une jeune femme. Selon une hypothèse, un peu fantaisiste sans doute, elle aurait succombé à la morsure d'un serpent venimeux. Portait-elle ce bracelet quand elle est morte, fut-il passé à son poignet au moment des funérailles ? On ne le saura jamais. »

Marion s'arrêta pour reprendre haleine.

« Ce n'est pas tout ! fit Bess. Écoutez ! L'auteur raconte ensuite que le squelette et le bracelet ont disparu mystérieusement au cours des fouilles. Le voleur les aurait vraisemblablement vendus. Les recherches entreprises n'ont pas permis de remettre la main sur ce magnifique bijou. »

Les jeunes filles se regardèrent sans oser formuler la pensée qui leur était venue : Robert Banister aurait-il acheté le squelette et le bracelet ? Par respect envers Mme Carrier, elles gardèrent le silence.

« Si vous le permettez, dit la sœur de Robert, je vais faire quelques pas dehors. Cette maison sinistre me rend nerveuse, un peu d'air me fera du bien. »

M. Roy lui proposa de la ramener chez elle. Mme Carrier refusa, soucieuse de ne pas bouleverser le programme de l'avocat et de ses assistantes.

« Poursuivez vos investigations sans vous

inquiéter de moi, leur recommanda-t-elle. Je vous rejoindrai dans quelques minutes. »

Dès qu'elle se fut éloignée, les jeunes filles et M. Roy parlèrent du message anonyme reçu par Alice et de son éventuel rapport avec les faits relatés dans le livre d'archéologie.

« Bah ! fit Marion au bout d'un moment. À quoi bon discuter ? Mettons-nous plutôt en quête de ce bracelet. »

La proposition fut approuvée à l'unanimité.

« La place du volume doit avoir une signification précise, dit Alice. Où était-il ? »

Bess désigna de la main un espace libre sur une planche. Alice sortit vivement plusieurs livres. Elle examina le fond du panneau, sans déceler aucune anomalie sur le bois.

« Vidons entièrement la bibliothèque, intervint M. Roy. Le mécanisme qui permet de la faire pivoter nous apparaîtra peut-être. »

Ils empilèrent les volumes avec méthode sur le parquet, de manière à pouvoir les replacer dans le même ordre. Ensuite, ils scrutèrent la paroi du fond. En vain.

« Je suppose que le seul accès au mécanisme est le panneau secret », dit enfin Alice.

Elle passa de nouveau le bras à travers l'ouverture et essaya les divers contrepoids. Tout à coup, sa main rencontra un levier. Le panneau glissa, lui coinçant le poignet.

« Aïe ! » cria-t-elle.

Avec son autre main, elle essaya de repousser le panneau en arrière. Il ne céda pas d'un centimètre.

L'instant d'après la bibliothèque commença de pivoter. Alice tenta frénétiquement de dégager sa main meurtrie.

« Au secours ! » hurla-t-elle.

M. Roy, Bess et Marion bondirent à son aide. En réunissant leurs efforts, ils parvinrent à immobiliser la bibliothèque.

La main d'Alice était complètement engourdie. Dominant avec peine sa souffrance et la panique qui l'envahissait, elle chercha le mécanisme d'ouverture.

« Inutile ! » murmura-t-elle, prête à défaillir.

Elle serra les dents.

« Passez-moi un gros livre ! »

Bess lui en tendit un. Alice le saisit avec la main gauche et le lança de toutes ses forces contre le panneau coulissant. Une fois, deux fois... à la troisième, il vola en éclats. Alice retira sa main.

M. Roy et les deux cousines lâchèrent la bibliothèque, qui se remit à pivoter. Le visage pâle d'émotion, ils poussèrent un soupir de soulagement.

« Ta main a failli y rester ! dit Bess. Souffres-tu ?

— Un peu. Je vais la mettre sous l'eau froide. »

Elle s'éloigna en direction de la cuisine.

Quand elle regagna le salon, Mme Carrier, revenue sur ces entrefaites, écoutait Bess raconter l'incident.

« Cet endroit est trop dangereux pour vous ! dit Mme Carrier. Je vous en prie, renoncez à mener l'enquête !

— Alors qu'elle est sur le point d'aboutir, comme j'en ai la conviction ? protesta Alice. Vous n'y songez pas, madame ! »

La bibliothèque présentait maintenant la surface arrondie à laquelle Robert avait accroché les portraits. M. Roy avait pris soin d'enfoncer une cale pour empêcher le mécanisme diabolique de fonctionner à l'improviste.

« Examinons ces tableaux un à un », dit-il.

Il en décrocha cinq qu'il répartit entre Mme Carrier, les jeunes filles et lui-même.

Le silence le plus total régna dans la pièce.

Soudain Mme Carrier poussa un cri.

« Je distingue quelque chose de métallique sous la peinture noire », expliqua-t-elle.

Avec la pointe des ongles, elle entreprit de gratter la couche épaisse. Tous la regardaient faire.

Deux minutes plus tard, elle retirait brusquement sa main, tandis qu'une plainte lui échappait.

15

Un coffre-fort imprévu

Une vive inquiétude se peignit sur le visage de M. Roy.

« Alice, as-tu apporté ta loupe ?

— Oui », répondit-elle.

Elle s'empressa d'aller chercher son sac à main.

M. Roy examina la peinture que Mme Carrier avait grattée.

« Vite, donne-moi un couteau. »

Alice courut à la cuisine et revint presque aussitôt.

L'avocat enleva encore un peu de peinture.

« Le visage de ce portrait est semé de

pointes d'acier sur lesquelles sont piqués des billets de mille dollars ! s'exclama-t-il, stupéfait.

— Ce ne sont pas de simples pointes d'acier, murmura Mme Carrier d'une voix angoissée. Ma main enfle à vue d'œil et me fait très mal.

— Je parie qu'elles sont empoisonnées ! s'écria Bess.

— Vous avez raison, je le crains, répondit l'avocat. Madame, où habite votre médecin, je vous y emmène.

— L'hôpital est plus près, répondit Mme Carrier. Allons-y. »

Elle commença à frotter sa main blessée.

« Cela me démange atrocement », murmura-t-elle.

M. Roy émit deux hypothèses : la peinture était empoisonnée ou la pointe des clous avait été enduite d'une substance vénéneuse.

« Venez, madame, insista-t-il, le temps presse ! »

Se tournant vers sa fille, il ajouta :

« Soyez très prudentes, tes amies et toi, durant mon absence. Je reviens dès que possible. »

Alice décrocha un sixième tableau du mur.

« Je t'en prie, n'y touche pas ! implora Bess.

— Je n'ai certes pas l'intention de toucher les parties suspectes, fit en souriant la jeune détective. Mais je voudrais faire analyser des fragments de cette peinture par un chimiste. Il nous dira quel poison elle contient.

— Je vais t'aider, déclara Marion, je n'ai pas peur. »

Pour le prouver, elle disparut et revint avec un autre couteau et un sac en plastique. Un peu honteuse, Bess l'imita.

Les trois amies travaillèrent en silence un long moment.

« Il faudrait un outil pour arracher ces clous sans les effleurer du doigt, dit enfin Marion.

— Il y a une paire de tenailles dans un tiroir de la cuisine », répondit Alice.

Elle alla prendre la pince. Un par un elle arracha les clous du portrait que Mme Carrier avait gratté. Presque toute la peinture noire ayant été enlevée, les jeunes filles aperçurent un visage.

« Pouah ! fit Bess. Il est affreux celui-là !

— Tu as tort, protesta Marion. Il a une expression sévère, cruelle même, mais il possède des traits fins et réguliers.

— Je ne blâme pas Robert de n'éprouver aucune sympathie à son égard, s'entêta Bess. Il me donne le frisson.

— Rassure-toi, tu n'as pas la moindre chance de le rencontrer au coin d'un bois, intervint Alice en riant. À en juger d'après ses vêtements, il vivait au début du siècle dernier.

— Il me fait quand même peur », répliqua Bess.

Prenant le tableau, elle le raccrocha face au mur.

Juste à ce moment, le heurtoir résonna plusieurs fois.

« C'est sans doute papa ! » dit Alice en se dirigeant vers la porte d'entrée.

Au milieu du vestibule, une pensée lui vint : son père n'avait pas l'habitude de manifester une telle impatience. Qui pouvait bien manœuvrer le heurtoir avec cette brutalité ?

« Méfions-nous ! » se dit-elle.

Elle avait remarqué un œilleton dans la porte d'entrée. En collant un œil contre ce petit orifice garni d'une loupe, on voyait à l'extérieur sans être vu.

Sur le seuil se tenait un homme solidement

charpenté, au visage congestionné. Délaissant le heurtoir, il martela du poing le battant.

« Non, je ne lui ouvre pas », décida Alice.

L'homme surveillait peut-être le manoir depuis longtemps. En voyant M. Roy s'éloigner en compagnie de Mme Carrier, il aurait résolu de passer à l'attaque. Trois jeunes filles ne sauraient lui résister et il serait libre de chercher le bracelet.

Telles étaient les suppositions d'Alice. Après avoir réfléchi au moyen de se débarrasser de l'inconnu, elle eut un éclair de génie : imitant la voix enregistrée qui les avait accueillies lors de leur première visite, elle dit :

« M. Banister n'est pas chez lui. Revenez un autre jour. »

Elle laissa s'écouler quelques secondes puis répéta le message. Elle regarda de nouveau par l'œilleton. Le visage de l'homme s'était encore empourpré et il secouait le poing.

« C'est bon, vociféra-t-il, je m'en vais mais je le retrouverai ! On ne se joue pas impunément de moi, monsieur Robert Banister. Vous me le paierez cher ! »

Cette menace formulée, l'inconnu repartit.

Alice le vit franchir le pont à grandes enjambées et se diriger vers une voiture.

Elle sourit. Son stratagème avait réussi ! Elle rejoignit ses amies à qui elle raconta l'incident.

« Tu as bien fait de ne pas le laisser entrer, approuva Bess. Il nous aurait créé des ennuis.

— C'est sûrement une autre victime de Robert, dit Alice. Grand et costaud comme il était, il lui aurait administré une bonne correction. »

Les jeunes filles se remirent à la besogne. Des billets de mille dollars avaient été cachés sous la couche noire de plusieurs portraits.

« Je ne vois vraiment pas pourquoi il a pris la peine de dissimuler cet argent et de le recouvrir ensuite de poison. Il l'a rendu inutilisable pour lui-même. »

Alice émit l'hypothèse qu'il suffirait de laver les billets avec un produit spécial. À quoi Bess et Marion déclarèrent que c'était une preuve de folie. Robert n'était pas sain d'esprit.

Lasses, enfin, de ce travail monotone, les trois amies l'abandonnèrent. Les échantillons recueillis suffiraient au chimiste.

Le heurtoir résonna de nouveau, plus discrètement toutefois.

C'était M. Roy accompagné de Thomas Banister, bouleversé par ce qu'il venait d'apprendre.

« Tout cela est ahurissant, dit-il après avoir salué les jeunes filles. Je ne peux imaginer comment mon frère en est arrivé là ! C'est un malade. »

Alice s'informa de l'état de Mme Carrier.

« Elle se remettra vite, répondit M. Roy. Elle a été soignée juste à temps, m'a confié le médecin. Quelques minutes de plus et il était trop tard.

— Quelle horreur ! » s'exclama Bess.

Alice parla à son père des échantillons qu'elles avaient prélevés.

« Excellente initiative ! approuva l'avocat. Le docteur désire justement faire analyser cette fameuse peinture. Vous pourriez les lui porter avant le déjeuner et rendre visite à Mme Carrier. »

Alice acquiesça et suggéra à son père de retirer la cale pour laisser la bibliothèque reprendre sa place.

« Volontiers. Nous remettrons ensuite les volumes sur les rayons. »

Ils se mirent tous à la tâche. Bess découvrit un ouvrage intitulé : *Plantes vénéneuses, insectes et serpents venimeux*. Elle s'assit et le feuilleta — dans l'espoir que l'une des pages, marquée d'un signet, fournirait une indication sur la composition du poison contenu dans la peinture. Enfin, elle tomba sur le dessin d'un cobra.

« Regardez ! cria-t-elle. Ce serpent ressemble exactement à celui de la tapisserie murale. »

Ils se pressèrent autour d'elle et contemplèrent l'illustration.

« L'auteur, dit Bess, précise que le venin du cobra tue la victime dans l'heure qui suit la morsure.

— Allons jeter un coup d'œil à la tapisserie aux serpents ! » proposa Alice.

Dans le vestibule, ils levèrent un regard interrogateur vers la tapisserie suspendue juste au-dessus de la partie coupée de la rampe.

Auraient-ils laissé échapper un indice ?

16

Deux suspects

Par mesure de prudence, Alice et ses amies s'enveloppèrent les mains avec des mouchoirs pour décrocher la tapisserie. Elles la retournèrent non sans peine.

« Je ne vois rien de suspect », déclara Marion, déçue.

Armée de sa loupe, Alice l'examina sur l'envers et sur l'endroit, centimètre par centimètre.

« Moi non plus, finit-elle par reconnaître. J'ai envie d'enlever la doublure. Qu'en penses-tu, papa ?

— Laisse-la où elle est, répondit-il d'un ton ferme. Je préfère que tu résolves le problème autrement. »

M. Roy ajouta qu'il avait l'intention de repartir pour River City aussitôt après le déjeuner.

L'heure avançait ; ils décidèrent de fermer la maison. Alice prit la clef. Le garde revenait juste à ce moment. Il exprima son regret d'être en retard ; il avait été retenu plus longtemps que prévu. Il aida les jeunes filles à transporter les arbustes dans le bois.

Sur le chemin de l'hôpital, Thomas Banister confessa son inquiétude au sujet de son frère :

« Comment ne sait-on rien de lui ? Cela me paraît d'autant plus incompréhensible que la police a fourni un signalement dans tous les États.

— Oui, et les ports des Caraïbes ont été alertés ! répondit M. Roy. Or aucun n'a signalé la présence du yacht suspect dans ses eaux !

— Je me tourmente beaucoup, reprit Thomas Banister. Robert est une tête brûlée. Qui sait ce qu'il mijote ? Cette incertitude me ronge. Je voudrais tant qu'il revienne affronter avec courage les conséquences de ses actes et qu'il se fasse soigner. Il est sans doute plus malade encore que coupable. »

À l'hôpital, ils apprirent que Mme Carrier avait été autorisée à rentrer chez elle. Thomas monta dans sa voiture, garée un peu plus loin.

Après avoir confié les échantillons de peinture au laboratoire, Alice regagna le motel en compagnie de son père et de ses amies.

M. Roy déjeuna rapidement et fit ses adieux aux jeunes filles.

« Bonne chance ! leur souhaita-t-il avec un sourire encourageant. Quand nous nous reverrons, le mystère sera élucidé, j'en suis convaincu. »

Alice proposa à ses amies d'aller prendre des nouvelles de Mme Carrier. Elles la trouvèrent très fatiguée, au moral comme au physique.

« Le docteur m'a avoué que je l'avais échappé belle, dit la malade.

— Le laboratoire a-t-il déjà identifié le poison ? demanda Alice.

— On ne m'a pas encore téléphoné à ce sujet, répondit Mme Carrier. Pourquoi, mais pourquoi Robert se livre-t-il à des actes aussi inqualifiables ? Une chose encore me préoccupe : ni l'argent dissimulé sous la couche de peinture, ni la vente des objets précieux contenus dans la maison ne suffiront à rembourser ses nombreuses victimes.

— Ne pourriez-vous vendre le manoir ? intervint Bess.

— Qui peut-il intéresser ? Personne ne voudra acheter une construction aussi loufoque ! »

Les jeunes filles se turent. Devinant leur embarras, Mme Carrier détourna la conversation en les faisant parler de River City et de la vie qu'elles y menaient.

La pâleur soudaine qui se répandit sur les traits de leur hôtesse incita Alice à abréger la visite. Elle fit signe à Bess et à Marion qui comprirent aussitôt et, se levant, dirent au revoir à Mme Carrier.

De retour au motel, les trois amies se reposèrent un peu.

« Que pourrions-nous faire à présent ? demanda bientôt Marion.

— Chercher le bracelet du squelette, déclara Alice sans hésiter.

— Robert n'attend peut-être que cela, avança Bess. N'osant pas s'approcher de sa maison, il t'aura écrit ce message sibyllin. Puis, quand tu auras trouvé cet objet précieux, il te le volera.

— Voilà qui m'étonnerait beaucoup, répondit Alice. S'il avait manigancé cette affaire, il aurait donné des précisions sur la cachette. D'ailleurs, nous en avons déjà discuté ensemble et nous sommes arrivées à la conclusion qu'il ne pouvait être l'auteur de la lettre anonyme. »

Dans le hall, le réceptionniste tendit une enveloppe à Alice. Elle la regarda, déconcertée.

« D'où vient-elle ? demanda Bess.

— De Leupp, Arizona. Elle porte le même cachet que la lettre du Chamois Silencieux.

— Dépêche-toi de l'ouvrir », dit Marion.

L'enveloppe ne contenait qu'une petite feuille de papier sur laquelle elles lurent ces quelques mots dactylographiés :

Trouvez le masque de l'armure d'argent.

Les jeunes filles se regardèrent éberluées.

« Je parie que les deux messages anonymes ont le même auteur, dit Bess.

— Ce pourrait être Ronald Muir, déclara Marion.

— Tu es folle ! » fit Bess en colère.

Elle voulut connaître l'opinion d'Alice.

« Est-ce que tu partages ce point de vue ? »

Alice prit le temps de réfléchir.

« Oui, dit-elle enfin. Je soupçonne un lien entre Robert Banister et Ronald Muir.

— Tu crois que Robert est à Leupp ? s'écria Marion.

— Cela n'aurait rien d'impossible. Cependant je l'imagine plutôt sur son yacht. Muir s'occuperait seul de l'escroquerie concernant les Indiens. »

Bess n'était pas convaincue. Marion, au contraire, paraissait séduite par cette hypothèse.

« Dès que papa sera arrivé à River City, je lui téléphonerai, dit Alice. Il nous donnera son avis. »

À cinq heures, elle l'appela et s'entretint longuement avec lui.

« Alice, je dois me rendre en Arizona, conclut M. Roy. Aimerais-tu m'y accompagner ?

— Oh ! papa, ce serait merveilleux ! s'exclama Alice.

— Nous tâcherons de faire la connaissance du Chamois Silencieux, s'il existe, et d'obtenir quelques renseignements sur Muir et sur Robert. »

Ravie à la perspective de ce voyage, Alice voulut savoir quand son père envisageait de

partir. Il l'invita à le rejoindre le soir même à River City.

« Demande à tes amies si leurs parents consentiraient à ce qu'elles restent à Seyton Hill en attendant ton retour. Elles pourraient ainsi poursuivre l'enquête.

— S'ils accordent leur autorisation, répondit Alice, puis-je laisser ma voiture à Bess et à Marion ?

— Bien entendu. Tu n'auras qu'à prendre le car. »

Alice mit les deux cousines au courant du changement de programme. Marion déclara qu'elle se livrerait volontiers à un travail de détective en l'absence d'Alice. Bess manifesta plus de réticence.

« Sans toi, je vais mourir de peur et puis j'aurais aimé aller en Arizona voir le Chamois Silencieux, dit-elle avec un soupir.

— Oh ! Bess, gronda Alice. Ne te fais pas plus froussarde que tu ne l'es. Combien de fois ne m'as-tu pas aidée à élucider des mystères malgré de réels dangers. Non, non ! vous vous débrouillerez parfaitement toutes les deux. Gardez-vous cependant de commettre des folies, comme, par exemple, de vous introduire chez Robert. À moins que

Thomas ne vous y accompagne. Qui sait si, quand je reviendrai, vous n'aurez pas déjà découvert le bracelet du squelette et le masque de l'armure d'argent !

— Crois-tu qu'ils soient dans le manoir ? demanda Bess.

— Oui, répondit Alice. Je suis persuadée que ces messages anonymes sont loin d'être des plaisanteries. »

Leurs parents autorisèrent Bess et Marion à rester au motel, non sans leur avoir recommandé d'éviter les embûches. Alice boucla sa valise, dîna rapidement et se fit conduire au car par ses amies.

Elle arriva à River City vers neuf heures du soir. Sarah l'accueillit à bras ouverts. « Quelle joie de te revoir, ma chérie, dit-elle. J'ai tremblé au récit de tes aventures ! Enfin, puisque te voilà saine et sauve, n'y pensons plus ! »

M. Roy annonça qu'il avait retenu des places dans un avion à destination de Phoenix, dans l'Arizona.

« De là, nous prendrons un autre avion pour Flagstaff, dit-il. Enfin un hélicoptère nous déposera à Leupp. »

Le lendemain matin, M. Roy et sa fille se

rendirent en taxi à l'aéroport. Ils débarquèrent à Phoenix tard dans la soirée.

« Passons la nuit ici, proposa M. Roy. J'ai d'ailleurs des informations à recueillir au sujet du terrain acheté par Mme Melwyn ; par la même occasion nous apprendrons peut-être quelque chose sur Robert. »

Le lendemain matin, les Roy atterrissaient à Flagstaff où les attendait un hélicoptère qui les emmena aussitôt vers Leupp.

Le pilote, un homme jeune et aimable, leur parla du pays qu'ils survolaient. Ce n'étaient que montagnes, vallées, certaines aussi arides qu'un désert. Çà et là, des troupeaux de moutons paissaient.

« La sécheresse a sévi cet été, dit le pilote. Heureusement les moutons vivent assez longtemps sans eau. »

L'hélicoptère les déposa aux abords du village.

« Je reviendrai vous chercher à quatre heures cet après-midi », promit le pilote.

Les Roy s'engagèrent dans la rue principale. Au passage, les villageois les dévisageaient en silence. Ils étaient vêtus de pantalons de cotonnade bleue, de chemises égayées par des écharpes de couleurs vives, et coiffés de grands chapeaux de feutre.

L'habillement des femmes était plus pittoresque. Elles portaient plusieurs jupons enfilés les uns au-dessus des autres et de blouses en velours de coton. Une couverture légère, posée sur le bras, leur servait à se couvrir les épaules en cas de froid.

Alice et son père se dirigèrent vers le bureau de poste.

Le receveur indien se montra très obligeant.

« Pourriez-vous nous dire où habite un enfant nommé le Chamois Silencieux ? lui demanda Alice.

— À plusieurs kilomètres de Leupp, dans un hameau. »

Alice éprouva une vive déception. Comment se rendre là-bas ? Une idée lui vint tout à coup.

« Serait-il possible de louer des chevaux ? dit-elle.

— Oui, mais saurez-vous monter avec une selle de cow-boy ?

— Oh ! oui. »

L'Indien leur indiqua où ils pourraient se procurer des montures.

Après avoir parcouru quelques centaines de mètres, ils arrivèrent devant une hutte construite en rondins et en boue séchée. Un couple âgé apparut sur le seuil. L'homme accepta volontiers de leur louer deux chevaux. Sur ses conseils, Alice enfourcha celui qui s'appelait Puck.

M. Roy se fit expliquer en détail le trajet à suivre puis, à son tour, sauta en selle. Les deux cavaliers s'engagèrent au trot sur un étroit chemin de terre. Les sabots de leurs montures soulevaient des nuages de poussière.

« Écartons-nous du sentier », dit M. Roy.

Ils chevauchèrent près de deux heures dans l'herbe brûlée par le soleil. Enfin, ils arrivèrent en vue d'un petit hameau composé de huttes nichées au bas d'une haute falaise. Ils mirent pied à terre devant une boutique où s'entassaient des couvertures, des chapeaux, de la joaillerie, des produits alimentaires. M. Roy entra pour demander Tom le Chamois Silencieux.

« Tom Smith, dit le Chamois Silencieux, corrigea le vendeur : c'est la dernière hutte à l'est. »

M. Roy le remercia. Il attacha son cheval à une barrière, Alice en fit autant et ils partirent à pied. Les Navahos sortirent de leurs huttes et leur emboîtèrent le pas. Quelqu'un avait apparemment répandu la nouvelle que des visiteurs étrangers se trouvaient dans le village.

Parvenus à la dernière hutte, les Roy virent un homme et un petit garçon debout devant la porte. Alice sourit à l'enfant.

« C'est bien toi qu'on appelle Tom le Chamois Silencieux ? demanda-t-elle.

— Oui, répondit timidement le petit garçon.

— Nous avons chevauché plus de deux heures pour venir jusqu'à toi », reprit-elle.

M. Roy aborda tout de suite le problème du territoire navaho.

« J'ai appris, dit-il au père de Tom, que certaines personnes réclament des terres appartenant à la réserve.

— Oui, répondit laconiquement l'Indien. Nous avons des difficultés. »

Alice se pencha vers l'enfant.

« Tu sais, ta lettre a fait grand plaisir à ton amie Bess Taylor. »

Le petit garçon regarda son père sans mot dire.

« Tu as reçu l'argent qu'elle t'a envoyé, n'est-ce pas ? » continua-t-elle.

De nouveau l'enfant regarda son père mais n'ouvrit pas la bouche.

« N'aie pas peur de parler, intervint M. Roy. Nous ne sommes pas des enquêteurs du gouvernement. Nous vous faisons une visite amicale. »

Les Smith gardèrent le silence. Alice s'apprêtait à poser une autre question, quand un cri retentit. Tournant la tête, Alice sentit le cœur lui manquer. Son cheval galopait droit sur eux. Les villageois s'éparpillèrent. M. Roy fit un saut de côté.

Alice demeura sur place, très calme. Elle étendit les bras en criant :

« Ho ! Ho ! Puck ! Ho ! Holà ! »

17

Mary, la Rivière Chantante

D'un bond, Alice saisit la bride du cheval emballé.

« Ho ! Ho ! Puck ! Holà ! dit-elle. Personne ne te fera de mal. Calme-toi, mon beau ! »

L'animal parut la reconnaître. Il s'arrêta si brusquement qu'il faillit la jeter à terre. Alice s'agrippa, tira sur la bride et se mit à lui caresser les naseaux tout en continuant à lui parler d'une voix apaisante. Très vite, il redevint aussi docile que durant la chevauchée.

Tom applaudit.

« Bravo ! Vous êtes courageuse ! » s'écria-t-il, enthousiasmé.

Les Navahos regardaient la jeune fille avec admiration. Ils entonnèrent un chant en son honneur.

M. Roy serra sa fille contre son cœur.

« Je suis fier de toi, ma chérie ! » murmura-t-il, très ému.

La foule se dispersa. Alice attacha Puck à un arbre — plus solidement cette fois.

« Je vais vous raconter ce que je sais », dit alors M. Smith.

Son fils n'avait pas reçu d'argent, apprit-il aux Roy, et la même question avait été posée par des touristes à deux autres enfants du hameau.

L'Indien confirma que les gens étaient très pauvres dans la région. En effet, par suite d'un hiver très rude, auquel avait succédé un été torride et sec, la récolte de maïs avait été très mauvaise.

« Après les danses rituelles, intervint l'enfant, le dieu de la pluie fera pousser notre maïs. »

Les Roy se regardèrent. Oui, ces malheureux avaient besoin d'une aide au plus vite !

Le père de Tom poursuivait son histoire : il y avait de cela vingt mois, deux hommes s'étaient présentés au village.

« Des touristes, avons-nous pensé », dit M. Smith.

Très vite, les Navahos conçurent des soupçons.

« Au cours d'une réunion, ces étrangers ont noté les noms des habitants du hameau, en particulier ceux des enfants. Puis, un jour, l'un d'eux a demandé à un petit garçon d'écrire une lettre à une personne vivant au loin. Son père le lui a interdit. Il a eu raison. Cette affaire nous a paru de plus en plus louche.

— Vous n'avez pas prévenu les autorités ? » demanda Alice.

Le petit garçon et son père firent non de la tête.

« Nous avions peur que ces hommes nous causent des ennuis, dit l'Indien. Nous avons préféré nous taire. »

M. Roy lui affirma que ses amis et lui n'avaient rien à craindre.

« Ces deux hommes devraient être dénoncés et arrêtés », ajouta-t-il.

Alice voulut savoir si les prétendus touristes avaient donné leurs noms.

« Oui, répondit l'Indien : Fitch et Robert. »

Les Roy comprirent qu'il s'agissait de Robert Banister et, sans doute, de Ronald Muir, alias Fitch. Ils étaient bel et bien complices, comme Alice l'avait supposé.

« M. Fitch ou M. Robert sont-ils revenus au village depuis ? demanda-t-elle.

— Non », répondit M. Smith.

« S'ils ne se trouvaient pas dans la région récemment, qui donc avait expédié les fausses lettres de remerciements ? » s'étonna Alice.

Questionné, M. Smith déclara ne pas en avoir la moindre idée.

« C'est peut-être un touriste, dit M. Roy. Y en a-t-il un qui revienne souvent ici ?

— Non. »

L'Indien précisa toutefois qu'un car, bondé de visiteurs, assurait le service entre Leupp et le hameau, deux fois par semaine.

« Nous en attendons un dans l'après-midi, ajouta-t-il.

— Dans ce cas, nous resterons jusqu'à son arrivée », décida M. Roy.

Mme Smith sortit de la hutte familiale. Elle s'adressa à son mari dans leur langue. Il sourit et, s'inclinant, dit aux Roy :

« Ma femme vous invite à partager notre humble repas. »

Voilà qui comblait les désirs d'Alice ! Elle s'empressa d'accepter.

L'Indien les fit entrer dans la hutte. Les parois, peintes à la chaux, étaient décorées avec un arc, des flèches, des broderies fines, un masque de comédie et quelques livres posés sur une étagère.

Il n'y avait pas de chaises. Au centre du linoléum de couleur vive, qui recouvrait le sol, des bols étaient disposés.

Les Smith s'assirent en demi-cercle sur leurs talons. Alice et son père firent de même. Le repas se composait de haricots, de viande de mouton coupée en morceaux et d'un gâteau de maïs. De fines tranches de pain de maïs complétaient ce déjeuner.

« Comme c'est bon ! dit Alice à ses hôtes. Vous êtes, madame, une cuisinière remarquable ! »

Ce compliment amena un sourire sur les lèvres de la jeune femme.

« Nous permettriez-vous, à mes amies et à moi, de venir en aide à Tom et aux autres enfants du village ? » demanda Alice.

Surprise de ne pas recevoir la réponse enthousiaste qu'elle attendait, Alice craignit d'avoir commis une bévue.

M. Roy devina ce qui assombrissait et inquiétait les Smith. Quelle preuve avaient-ils, en effet, que leurs visiteurs ne se joueraient pas d'eux comme Fitch et Robert ? Pour les rassurer, il leur apprit qu'il était avocat.

« Très souvent j'ai recours à ma fille. Elle débrouille une partie des affaires dont je m'occupe. Or, récemment, un escroc a soutiré de l'argent à deux personnes de notre connaissance sous prétexte de permettre à des petits Navahos de poursuivre leurs études. Nous sommes à la recherche de ce misérable. »

M. Roy réussit à convaincre les Smith de sa sincérité. Après le repas, il les remercia vivement de leur hospitalité. Alice en fit autant et pria Tom de leur faire visiter le village. Ensemble, ils gravirent les marches, taillées dans le roc, qui menaient au sommet de la falaise.

Le panorama était magnifique. Les Roy l'admirèrent longuement.

« Le car ne va pas tarder à arriver », dit Tom en redescendant.

Il conduisit les Roy en haut de la rue principale. Au bout d'une vingtaine de minutes, le car arriva. Alice et son père observèrent les touristes qui descendaient. La plupart étaient des femmes.

Le conducteur et le guide restèrent assis à l'intérieur pendant que les voyageurs passaient en revue les divers articles proposés par les Indiens.

« Je vais parler au chauffeur, décida M. Roy ; il saura peut-être quelque chose. Pendant ce temps, entretiens-toi avec le guide. »

À l'instant où l'avocat montait dans le car, le guide en descendait. Alice l'aborda.

« Puis-je vous poser quelques questions ? » dit-elle.

L'homme parut agacé.

« Vous ne faites pas partie du groupe ! répondit-il. Enfin ! Allez-y ! »

Alice ne savait pas trop comment amadouer cet homme bourru. Arborant son plus beau sourire, elle dit sans hésiter :

« Mon père et moi sommes sur les traces de deux escrocs.

— Que voulez-vous que cela me fasse ? » fit-il, étonné.

Elle lui raconta toute l'histoire. Quand elle eut terminé, le visage du guide reflétait une vive inquiétude.

« Je... je risque d'être impliqué dans cette affaire, marmonna-t-il. Pourtant, j'ai agi en toute innocence, je vous l'assure.

— Je vous crois », répondit Alice, impatiente d'entendre la suite.

Il y avait de cela près de dix-huit mois, commença-t-il, deux hommes s'étaient inscrits pour une excursion. En cours de route, ils lui avaient proposé de faire pour eux un petit travail, pas fatigant et bien rémunéré.

« Je n'allais pas refuser ! poursuivit-il. D'autant plus que ce n'était pas sorcier : ils m'adresseraient de temps à autre une grande enveloppe contenant des lettres que je devrais mettre à la poste à Leupp. Je n'ai pas vu de mal à leur rendre ce service. Chaque fois qu'ils m'envoyaient une lettre à expédier de Leupp, je trouvais un gros billet pour moi dans l'enveloppe.

— Comment s'appelaient ces hommes ?

— Fitch et Robert. Mais les enveloppes que je recevais et celles que je mettais à la poste ne portaient ni le nom ni l'adresse de l'expéditeur. »

Prise d'une inspiration soudaine, Alice demanda :

« En auriez-vous, par hasard, une sur vous ?

— Oui », répondit le guide.

Il tira une lettre de sa poche, la tendit à Alice et alla rejoindre le groupe de touristes.

La jeune fille retint avec peine une exclamation. L'enveloppe était adressée à Mme Carrier !

« Papa ! appela-t-elle. Viens vite ! »

Son père accourut.

« Regarde ! reprit-elle, triomphante. N'ai-je pas bien travaillé ? »

Devant la mine stupéfaite de l'avocat, Alice éclata de rire. Reprenant son sérieux, elle décacheta la lettre. Elle était rédigée d'une manière enfantine et signée : Mary, la Rivière Chantante.

« C'est une preuve incontestable », déclara M. Roy.

Alice courut vers Tom. Elle lui demanda s'il connaissait cette petite fille.

« Oui, répondit-il. C'est mon amie. Voulez-vous que je vous conduise chez elle ?

— Oui, s'il te plaît. »

Comme Alice le soupçonnait, Mary n'avait jamais entendu parler de Mme Carrier.

Mis au courant, M. Roy prit un air grave.

« Ces deux misérables ont peut-être fait de même dans d'autres réserves, dit-il. J'alerterai le ministère de l'Intérieur dès notre retour à Seyton Hill. »

Le chauffeur leur fit signe.

« Que se passe-t-il ? demanda Alice en s'approchant du car.

— Je viens d'entendre les nouvelles à la radio ! dit-il, très agité. Un gisement de cuivre a été découvert non loin d'ici. Les acheteurs se ruent pour réclamer les terres avoisinantes. Il paraît que cela risque de tourner à l'émeute. »

M. Roy se fit préciser l'emplacement de la mine, puis il entraîna sa fille à l'écart.

« As-tu entendu ? dit-il. C'est à moins de huit kilomètres à l'est de Leupp, soit tout près du terrain vendu par Robert aux Melwyn.

— Allons-y ! » s'écria Alice.

Sûre de la réponse de son père, elle s'empressa d'aller détacher son cheval.

18

À l'aide !

Les deux chevaux durent sentir que leurs cavaliers étaient pressés. Ils galopèrent à bride abattue à travers la vallée aride, semée de cactus hérissés de longues pointes. Bientôt, Alice et son père aperçurent une borne.

« C'est la fin de la réserve, dit M. Roy. Le gisement de cuivre n'est plus loin. »

En effet, ils virent peu après une foule de gens. Arrivés en voiture, en hélicoptère ou à cheval, des hommes gesticulaient et vociféraient.

« Je me suis porté acquéreur de cette parcelle le premier ! criait l'un.

— C'est faux ! Elle m'appartient ! » hurlait un autre.

Alice et son père mirent pied à terre. Autour d'eux ce n'était que sable et rochers ; pas même un arbre auquel attacher les chevaux.

« Puck, je t'en conjure, dit Alice, ne t'enfuis pas ! »

Elle se dirigea vers la masse hurlante. Mineurs, agents immobiliers et autres personnes en quête de profits rapides élevaient des protestations véhémentes. Une femme, à l'apparence assez masculine, haranguait la foule, l'invitant à se disperser.

« Cette affaire doit se régler dans le calme ! » cria-t-elle.

Les clameurs continuèrent.

M. Roy vit la femme se dresser sur ses étriers pour mieux se faire entendre.

« Elle est la seule ici à avoir du bon sens, déclara l'avocat à sa fille. Je vais essayer de la seconder. »

Il se fraya un chemin à travers la foule et dit quelques mots à l'inconnue qui sourit.

« Sautez en croupe ! » commanda-t-elle.

L'avocat s'élança derrière elle. Il frappa dans ses mains pour attirer l'attention.

Voyant cela, Alice se mit à crier de toutes ses forces :

« Silence ! Écoutez ! »

Ces mots ramenèrent le calme. Alors d'une voix claire, M. Roy commença :

« Je représente un client qui a acheté un terrain dans les alentours. Nous avons découvert qu'il s'agissait d'une escroquerie.

« Quelles preuves avez-vous de la présence d'un gisement de cuivre ici ? Qui peut vous assurer que la nouvelle n'en a pas été répandue par les mêmes malfaiteurs ? »

Des murmures s'élevèrent, des visages devinrent livides.

« Quelqu'un a sans aucun doute des titres à cette propriété, poursuivit l'avocat. Informez-vous au lieu de vous quereller ! Je vous conseille de vous disperser avant d'en venir aux mains. Que celui qui a fait l'offre la plus élevée veuille bien me donner son nom, je lui promets de le mettre en rapport avec le propriétaire du terrain. »

Un homme aux cheveux gris, au visage tanné par le soleil et le vent, au regard franc s'avança.

« Merci ! » dit-il simplement.

Il écrivit sur un papier son nom et son adresse.

Non sans maugréer, les gens repartirent.

« Permettez-moi de vous féliciter, monsieur, dit la cavalière inconnue. Votre autorité, votre calme ont fait merveille. Vous avez littéralement subjugué ces hommes qui sont plutôt des durs, croyez-moi ! J'étais intervenue parce que cette vallée désertique appartient à ma famille. »

M. Roy la complimenta sur son courage, lui remit sa carte de visite dans le cas où elle aurait besoin de conseils juridiques et s'éloigna en compagnie d'Alice.

« Il se fait tard, lui dit-il. Pourvu que notre pilote ne soit pas reparti ! »

Une forte brise s'était levée. Des nuées de brume roulaient à travers la plaine. Les Roy menèrent bon train. En arrivant à Leupp, ils constatèrent, à leur vif soulagement, que l'hélicoptère les attendait.

Quand ils pénétrèrent enfin dans le hall de l'hôtel de Phoenix où ils avaient retenu des chambres, il était plus de huit heures. Alice se déclara affamée.

Ils allèrent dîner au restaurant.

« Alice, dit M. Roy entre deux bouchées,

cela t'ennuierait-il de rentrer seule ? J'ai encore des questions à régler ici et tu brûles, je le devine, de rejoindre tes amies à Seyton Hill. N'ai-je pas raison ?

— Oh ! si ! » fit Alice avec conviction.

Après le dîner, M. Roy retint par téléphone une place dans l'avion partant le lendemain matin pour New York. Là, Alice en reprendrait un autre à destination de River City. Un car la conduirait ensuite à Seyton Hill.

Ils se firent réveiller de bonne heure et se rendirent à l'aéroport. M. Roy souhaita bon voyage à sa fille.

« Je n'ai pas oublié ma promesse d'alerter le ministère de l'Intérieur, lui dit-il. Ce sera la première chose que je ferai à mon retour. »

Alice gravit la passerelle de l'avion en lui adressant des gestes d'adieu. Quelques heures plus tard elle débarquait à River City et montait dans un taxi pour se rendre chez elle.

Sarah la pressa contre son cœur et l'embrassa avec tendresse.

« Oh ! ma chérie, quelle joie de te revoir ! Tu me manques beaucoup, tu sais ! La maison est triste sans toi. Comment va ton père ?

— Bien, mais il est très occupé. Je te raconterai tout en détail. »

Tout en dînant, elle fit à Sarah le récit de ses récentes aventures.

« Ainsi tu possèdes la preuve formelle que Ronald Muir est un escroc ! » s'exclama Sarah.

Le téléphone fit entendre sa sonnerie insistante : c'était Ned.

« Tu es donc de retour ! dit-il en reconnaissant la voix d'Alice. Je te croyais en Arizona ! C'est du moins ce que m'avaient appris Bess et Marion que j'ai appelées hier.

— J'y étais en effet.

— Écoute, reprit Ned, nous sommes libres demain, Bob, Daniel et moi. Nous aimerions vous aider à Seyton Hill. Qu'en dis-tu ? Ton mystère n'est pas encore élucidé, je suppose ?

— En partie seulement, répondit Alice. Je préfère ne pas en parler par téléphone.

— Compris. Nous passerons te prendre demain à dix heures. Bob préviendra Marion de notre arrivée. »

Avant de se coucher, Alice défit sa valise, rangea les vêtements qu'elle avait portés jusque-là et en choisit d'autres plus appropriés au séjour à Seyton Hill.

À son réveil, elle prit son petit déjeuner en compagnie de Sarah, bavarda longuement avec elle. À dix heures, comme prévu, elle monta dans la voiture de Ned où se trouvaient déjà Bob et Daniel.

Ils arrivèrent sans incident à Seyton Hill. Bess et Marion avaient réservé une table au restaurant du motel.

« Racontez-moi tout, sans rien omettre ! dit Bess dès qu'ils eurent pris place. Qui prend la parole en premier ?

— Moi, répondit Daniel. Nous avons vérifié les dires de Ronald Muir : il a assuré un cours de biologie marine pendant trois mois à Emerson. Il n'était pas aimé des étudiants et il a quitté brusquement l'Université.

— Voilà qui ne me surprend guère, fit Marion. Sans doute préparait-il ses escroqueries ! »

Bess prit un air vexé.

« Pourquoi porter des jugements téméraires, Marion ? protesta-t-elle. Nous n'avons aucune preuve contre lui. À toi, Alice ! Qu'as-tu à nous apprendre ?

— J'aimerais d'abord avoir des nouvelles de Mme Carrier.

— Elle est complètement remise, répondit Bess. On a identifié le poison : c'est de l'aconit.

— Nous sommes allées la voir ce matin,

ajouta Marion. Par la même occasion nous lui avons demandé la clef du manoir. »

Alice se lança dans un compte rendu détaillé de l'expédition en Arizona. Ses amis l'écoutèrent sans l'interrompre. Bess avait l'air accablé.

« Pauvre petit Tom ! » murmura-t-elle.

D'un commun accord, ils décidèrent de venir en aide aux enfants de la communauté indienne et nommèrent Bess présidente du futur comité.

Après le déjeuner, ils partirent pour la propriété de Robert Banister. Ned et Alice montèrent dans le cabriolet, leurs amis dans la voiture de Ned. Le cabriolet, plus rapide, arriva le premier au sommet de la colline. La camionnette du garde était là. Alice et Ned descendirent et s'avancèrent vers la passerelle. Ils s'y engageaient juste au moment où leurs amis se garaient sur le terre-plein.

Soudain, le fossé s'enflamma !

Ils se trouvaient à mi-chemin entre les deux rives. Alice était en tête. Tout à coup, elle sentit la passerelle se dérober sous ses pieds. Elle n'eut pas le temps d'avertir Ned : la partie sur laquelle ils marchaient se sépara de l'autre et plongea en avant.

Bess poussa un hurlement : Alice et Ned glissaient vers l'eau en feu.

« Non ! non ! Oh ! non ! » cria Marion, horrifiée.

Ned s'accroupit et empoigna la poutre d'acier, Alice réussit à saisir une cheville de Ned et s'y agrippa des deux mains. Une seconde, elle resta suspendue en l'air, puis elle lança une jambe sur le tronçon de la passerelle et enroula l'autre autour du support.

« Vite ! Il faut les secourir ! cria Bess. Ils ne tiendront pas longtemps.

— Faisons une chaîne ! » commanda Bob.

Il examina la partie de la passerelle reliée à la rive et constata la présence d'une charnière très solide, fixée à un montant enfoncé dans le sol.

Sans perdre une seconde, il s'allongea à terre, les pieds solidement accrochés au pare-chocs de la voiture de Ned ; Daniel s'étendit, la tête vers le fossé, les chevilles tenues par Bob ; Marion se mit à plat ventre plus loin et Daniel lui empoigna les chevilles, mais elle ne put atteindre Ned.

« Bess, viens vite ! » dit-elle.

La situation était à ce point désespérée que Bess n'eut pas le temps de songer à avoir

N
S
W
E

peur. Elle s'allongea devant Marion qui la retint par les chevilles et elle attrapa les poignets de Ned. La chaîne était prête.

« Parés ! » cria Bob.

Lentement, Alice se hissa et rampa sur le corps de ses amis. Ensuite ce fut au tour de Ned. Bess se releva, puis Marion, Daniel et, enfin, Bob. Épuisés, ils s'assirent pour souffler. Plusieurs minutes s'écoulèrent avant qu'ils pussent parler.

« En route pour la corvée de bois ! » ordonna Daniel en riant.

Ned alla voir de près la charnière du pont.

« Nous savons au moins comment il fonctionne ! Un mécanisme quelconque le divise puis les deux moitiés se séparent à leur tour des bords et tombent au fond de l'eau.

— Oui, mais comment remontent-elles ? Cela, tu serais bien incapable de nous l'expliquer ! » dit Daniel.

Bess n'était pas remise de sa frayeur.

« Ne vous attendez pas à ce que je franchisse cette eau qui brûle, sur des branches, déclara-t-elle fermement.

— Il faudra donc te résigner à rester seule », répliqua Marion.

Quand les garçons eurent jeté les arbustes

en travers du fossé, Bess changea d'avis. Tout valait mieux que la solitude dans un endroit aussi étrange.

« Je me demande où est le garde », dit Alice.

D'une voix forte, elle cria :

« Y a-t-il quelqu'un ici ? »

Aucune réponse ne lui parvint.

Inquiets, ils partirent à la recherche du garde. Ils le trouvèrent étendu, inconscient, derrière la maison.

« Il a été attaqué ! » s'écria Marion.

Bess émit une hypothèse : l'agresseur s'était réfugié à l'intérieur du manoir.

« Ce serait très imprudent d'entrer », dit-elle en reculant.

Agenouillé sur le sol, Ned s'efforçait de faire revenir le garde à lui. Au bout d'un moment, le malheureux battit des paupières.

« Ne vous inquiétez pas, nous sommes des amis, le rassura Ned. Qui vous a assommé ?

— Un homme masqué s'est rué sur moi alors que je contournais la maison. Il m'a porté un coup violent sur la tête. Je l'ai vu jeter une allumette enflammée dans le fossé. Il m'aurait fait suivre le même chemin sans doute, mais il a entendu le moteur d'une voiture et il s'est enfui. Ensuite, je me suis évanoui.

— À quoi ressemblait-il ? voulut savoir Alice.

— Grand, mince, des cheveux bruns, c'est tout ce que j'ai pu voir… »

Les jeunes gens conclurent que le fugitif avait saboté le pont avant de disparaître dans les bois. Avec des accents mélodramatiques, Bess raconta au garde ce qui s'était passé.

En entrant dans le vestibule, Marion demanda :

« Où doit-on chercher le masque d'une armure d'argent ?

— Sur un chevalier d'argent », répliqua Daniel en riant.

Alice fit claquer ses doigts.

« J'y suis ! s'écria-t-elle, très excitée. Le robot ! Il est argenté et son visage ressemble à un masque.

— Cette déduction me paraît bien tirée par les cheveux, fit Marion peu convaincue. En tout cas, je ne vois pas où elle nous mène. »

Alice réfléchissait. Ses amis se taisaient, suspendus à ses lèvres.

« Si nous insérions la bande voulue, dit-elle, enfin, le robot nous révélerait peut-être un nouveau secret !

— Comment trouver cette bande ? demanda Bess. Nous risquons d'en choisir une qui nous enverra dans la planète Mars. »

Alice proposa de les examiner une à une. Peut-être une marque permettrait-elle d'identifier la bonne. Ils allèrent à la cuisine. Alice ouvrit le tiroir contenant les rouleaux. En silence, ils procédèrent au tri.

« Je parie que c'est cette bande, dit soudain Ned. Elle porte une marque spéciale, une sorte de serpent dessiné grossièrement... »

19

Le cabinet aux poisons

Alice sortit le robot de sa prison improvisée et mit en place la bande marquée. Quand le ronronnement se fit entendre, elle conseilla à ses amis de s'écarter.

Le cœur battant, ils attendirent. Qu'allait faire le robot ? Le ronronnement s'accentua puis, tout à coup, l'homme mécanique partit vivement en direction de la porte du vestibule, qu'il poussa. Il roula jusqu'au pied de l'escalier et s'arrêta.

« Cela veut-il dire qu'il y a quelque chose au premier étage ? murmura Ned.

— Sûrement, répondit Marion. Allons-y ! »

Elle monta l'escalier avec Bob, Bess et Daniel.

« Restons ici, dit Alice à Ned. Il est plus prudent de surveiller ce diable de robot. »

Ned acquiesça d'un signe de tête. Ils ne quittèrent pas des yeux l'invention diabolique.

« Il bouge ! » s'exclama Alice.

Le robot pivota, traversa le hall et pénétra dans le bureau. Alice et Ned le suivirent prudemment.

Il s'était arrêté devant le secrétaire de Robert. Levant le bras droit, il le tendit vers un tiroir.

« Il nous ordonne de l'ouvrir », dit Alice.

Ned voulut obéir, mais le tiroir était fermé.

« Que suis-je censé faire ? demanda-t-il. Cet individu est programmé de façon à se montrer plus mystérieux encore que son propriétaire ! »

Au bout d'un moment, le robot se mit à dessiner des cercles avec sa main. Ned et Alice échangèrent un regard interrogateur. Que signifiait ce geste ?

Alice essaya de deviner.

« Il veut nous faire comprendre qu'il faut tourner quelque chose, dit-elle.

— La poignée, peut-être ? » fit Ned.

Il la tourna, tant et si bien qu'elle se détacha.

« Nous voilà avancés ! grommela Ned. Suppose que le tiroir soit déverrouillé, nous ne pouvons quand même pas l'ouvrir ! As-tu une idée, Alice ?

— Non. »

Ils restèrent indécis quelques secondes. Puis, ensemble, ils se baissèrent et passèrent les ongles sur le pourtour du tiroir.

« Il a bougé ! » dit Alice.

Ils réussirent enfin à le tirer. Des piles de papiers bien rangés apparurent. Sur le dessus, une enveloppe portait cette mention :

Dernières volontés et testament
de Robert Banister.

« Ce n'est pas à nous de l'ouvrir », déclara aussitôt Alice.

Ned referma le tiroir et remit la poignée en place.

« Je parlerai de ce testament à Mme Carrier et à Thomas », dit Alice.

Le robot pivota et s'éloigna. Alice et Ned le virent s'arrêter sous la tapisserie orientale et lever le bras.

« Plus aucun doute n'est permis : elle contient un secret, dit Ned.

— En relation avec le testament, je suppose… », ajouta Alice.

De nouveau, le robot fit demi-tour et partit vers la cuisine. Le ronronnement cessa ; la bande était terminée.

Alice la retira avant d'enfermer le robot dans le placard. Elle revint ensuite avec Ned dans le vestibule.

À ce moment, la voix de Bess s'éleva, très excitée.

« Voici M. Muir ! Ne le laissez surtout pas entrer ! »

Marion, Bob et Daniel apparurent au haut de l'escalier.

« Oui, c'est bien Ronald Muir, confirma Daniel. Je pense au contraire que nous devrions le laisser entrer. Sinon, comment capturer cette fripouille ?

— Tu as raison, approuva Ned. Dès qu'il franchira le seuil, nous le réduirons à l'impuissance.

— Attendez-moi, pria Marion. Je veux vous prêter main-forte.

— Je te suis », cria Bob.

Pour aller plus vite, ils enjambèrent la

rampe tronquée et se laissèrent glisser. Leur descente fut si rapide qu'ils faillirent être projetés sur les marches.

À l'approche du sol, ils empoignèrent la rampe pour se freiner.

Impossible. L'instant d'après ils heurtaient le mur et disparaissaient dans un trou béant.

Bess poussa un hurlement. Alice et Ned se précipitèrent.

En se penchant, ils virent Marion et Bob se relever en se frottant les côtes.

« Vous êtes-vous blessés ? » demanda Alice.

Comme elle achevait ces mots, une voix caverneuse annonça :

« Vous ne vous échapperez pas de ce repaire. Vous êtes pris dans le piège aux poisons ! »

La voix sinistre répéta le message et le silence retomba. Un silence lugubre.

20

Une arrestation mouvementée

Au cours des minutes d'affolement qui suivirent l'irruption de Marion et de Bob dans la chambre aux poisons, des coups frappés à la porte passèrent inaperçus. L'attention de tous était concentrée sur les deux malheureux.

« Vous n'avez vraiment rien de cassé ? demanda Bess.

— Non, répondit Marion. Autant que je puisse en juger, tout va bien. J'aimerais voir un peu ce qu'il y a ici. Passe-moi une lampe électrique, veux-tu, Ned ? »

Le jeune homme lui en tendit une. Quelle

étrange vision s'offrit alors à leurs regards ! Des boîtes métalliques et des flacons portant l'étiquette POISON s'alignaient sur plusieurs rangées d'étagères. Par chance, aucun flacon n'avait été cassé ni renversé, si bien que leur contenu ne s'était pas répandu sur les deux jeunes gens.

« Robert est un véritable maniaque des poisons, constata Marion. Sur certaines de ces fioles, je déchiffre les noms des plantes ou des reptiles que dévorent les serpents de la tapisserie orientale.

— Tiens ! fit Bob. Voilà le magnétophone qui a fait entendre cet horrible message d'accueil. »

Les coups frappés contre la porte d'entrée devinrent plus impératifs.

« Que faire ? demanda Bess en se tournant vers Alice. C'est Ronald Muir. »

Alice hésita sur la conduite à tenir. Tandis qu'elle réfléchissait, Ned pria Bob de lui passer une des boîtes métalliques. Il désirait en examiner le contenu. S'asseyant sur une marche, il ouvrit le couvercle : la boîte était remplie de pièces d'or et de billets.

Cette découverte laissa Alice indifférente. Elle songeait : « Si nous laissons repartir

M. Muir, qui sait si une autre occasion de l'arrêter se représentera ? D'un autre côté, si nous lui ouvrons il verra cet argent. Pour peu qu'il ait un revolver sur lui, il s'emparera de l'argent. »

Elle fit part à Ned de ses réflexions.

« Nous pourrions recourir à un stratagème, conclut-elle : invitons Ronald Muir à contourner la maison pour entrer par la cuisine.

— Et nous nous emparerons de lui, dit Ned. Viens avec moi, Daniel ! »

Alice courut à la porte d'entrée.

« Qui est là ? demanda-t-elle.

— Ronald Muir. Vous êtes Alice Roy, je présume. Vous m'aviez si bien décrit cette extraordinaire demeure que j'ai eu envie de la visiter.

— Auriez-vous l'obligeance de faire le tour ? Je n'ai pas réussi à ouvrir cette serrure. La clef fonctionne mal. »

Alice s'était efforcée de s'exprimer avec naturel. Avec quel soulagement elle entendit l'escroc répondre d'une voix suave :

« Avec plaisir. »

Un bref instant, la jeune fille éprouva un sentiment de compassion de le voir se jeter ainsi dans un piège. Mais elle chassa aussitôt ce scrupule. L'homme ne méritait aucune pitié.

Entre-temps, Ned et Daniel avaient gagné leurs positions d'attaque : de chaque côté de la porte de la cuisine ouvrant sur l'extérieur. Dès que Muir en eut franchi le seuil, les deux solides garçons le plaquèrent au sol.

« Qu'est-ce que cela signifie ? cria Ronald Muir.

— Vous allez le savoir ! » répondit Ned.

Les jeunes gens aidèrent Muir à se relever tout en lui maintenant les bras derrière le dos.

Le prisonnier se débattit avec vigueur.

« Laissez-moi ! Je ne vous ai rien fait ! vociféra-t-il, le visage empourpré de colère. Si c'est à mon portefeuille que vous en avez, prenez-le, je m'en moque, mais lâchez-moi ! »

Muir n'était pas un sportif. Daniel n'eut aucune peine à le tenir seul.

« Ned, va chercher les autres ! » dit-il.

Muir lui jeta un regard interrogateur. En pure perte. Daniel ne lui fournit aucune explication.

Dans le vestibule, Ned s'arrêta avec stupeur

à la vue des boîtes de métal qui encombraient les premières marches de l'escalier. Elles étaient pleines de billets et de pièces d'or.

« Il y a une véritable fortune ici, dit Alice. Assez, je crois, pour payer les dettes de Robert.

— Voilà la liste de ses victimes ! coupa Marion.

— Et nous avons trouvé le bracelet du squelette ! s'écria Bess en le brandissant. Il est plus beau encore que sur la photographie reproduite dans le livre ! »

L'or, les rubis, les turquoises avaient gardé leur éclat ancien.

« Où Robert a-t-il pu se procurer ce bijou ? dit Ned. Ah ! j'y pense : il l'a acheté au voleur qui s'en est emparé au Mexique !

— C'est vraisemblable, approuva Alice. Une étiquette nous apprend qu'il ornait le bras d'un squelette de femme. »

Elle emmena ses amis à la cuisine. Le visage de Muir prit une teinte livide.

« Vous êtes un escroc, monsieur Ronald Muir, déclara Bess. Vous m'avez soutiré de l'argent pour un petit Indien qui n'en a jamais reçu un centime !

— Quel mensonge ! rugit l'homme. Je lui ai bel et bien remis votre don. »

Alice n'eut aucune peine à confondre l'escroc : elle lui raconta ce qu'elle avait appris chez les Indiens Navahos. Muir perdit contenance.

« J'avais de pressants besoins d'argent, dit-il d'une voix geignarde. J'ai fait une bêtise. Cela peut arriver à tout le monde. Je rembourserai tout… »

Marion lui coupa la parole pour demander :

« Nous avons trouvé une presse d'imprimerie dans le sous-sol. Vous vous en êtes servi pour les dépliants que vous nous avez montrés, n'est-ce pas ?

— Oui. »

Alice le considéra fixement.

« Vous n'avez pas agi seul, mais en liaison avec Robert Banister. Ensemble, vous avez monté de nombreuses escroqueries. »

La mâchoire de Muir s'affaissa. Les yeux exorbités, il fixait Alice comme si elle eût été une sorcière. Persuadé qu'elle était au courant de toutes ses opérations frauduleuses, il fit une confession complète.

Quand il se tut, Alice demanda :

« Où est Robert ?

— Je serais heureux de le savoir. Il m'a annoncé qu'il partait pour un long voyage. Il me doit des sommes considérables.

— Votre part des escroqueries ? railla Bess.

— Quand je le lui ai rappelé, reprit Muir sans paraître l'avoir entendue, il s'est contenté de me répondre par deux rébus.

— Quels étaient ces rébus ? dit Alice.

— “Cherche le bracelet du squelette” et “cherche le masque de l'armure d'argent”. Je n'ai pas compris ce qu'il voulait dire. Comme il ne faisait pas bon le questionner, je me suis borné à lui demander une clef du manoir. Il m'a remis celle de la porte de derrière. La première fois que je suis venu ici, quelqu'un a frappé à la porte d'entrée — quelqu'un qui, à en juger d'après les coups de heurtoir, semblait en proie à une violente colère. Presque aussitôt un message enregistré a invité le visiteur à revenir un autre jour. »

Muir reprit son souffle avant de continuer :

« Quand il se fut éloigné, j'ai repéré la “voix”. Elle provenait d'un magnétophone miniature habilement dissimulé au-dessus de la porte. Je l'ai arraché. J'avais l'intention de revenir et ne souhaitais pas être dérangé. »

L'escroc, dont Daniel avait libéré une main, s'épongea le front avec un mouchoir et poursuivit :

« Je n'ai pas voulu entretenir de relations avec l'homme qui travaillait en cheville avec Robert. Je ne l'ai rencontré qu'une fois. C'est un bricoleur de talent, très doué pour la mécanique. Il sait manœuvrer la passerelle. C'est lui, également, qui fait courir des flammes sur l'eau avec un produit de son invention. Il s'appelle Michael Carvy.

— C'est sans doute l'homme masqué qui a attaqué le garde », dit Alice.

Muir déclara l'ignorer. Toutefois, Carvy s'était vanté d'avoir mis le feu au motel et volé les documents des Melwyn : seul moyen d'arrêter les poursuites contre Robert dans cette affaire.

« Qui m'a téléphoné pour dissuader mon père de défendre les Melwyn ? demanda encore Alice.

— Robert. J'avais découvert que M. Roy était venu à Seyton Hill dans l'intention de déposer une plainte contre lui. Quand vous avez appris qu'il s'était enfui, vous avez décidé de le rechercher. Je l'ai aussitôt avisé par téléphone à New York, où il se trouvait alors. Il a ri et m'a répondu qu'il saurait vous ôter toute envie de poursuivre l'enquête.

— Il n'a pas réussi ! riposta Bess, triomphante.

— C'est vous, je suppose, dit Alice, qui m'avez envoyé les deux lettres anonymes concernant le bracelet et le masque. Ne parvenant pas à les trouver vous-même, vous avez préféré m'en confier le soin. Bien entendu, vous comptiez me les reprendre aussitôt. »

Le prisonnier en convint.

Il reconnut également avoir surveillé constamment les faits et gestes des jeunes filles à Seyton Hill.

« Si je n'avais pas eu la malencontreuse idée de soutirer de l'argent à Bess Taylor et à la sœur de Robert, je n'aurais jamais été pris », ajouta-t-il, la mine sombre.

Ned n'en était pas convaincu et le dit :

« La police enquête sur les activités de Robert. Elle ne manquera pas de découvrir que vous travailliez ensemble. »

À ces mots, le prisonnier s'écria :

« On ne le prendra pas. Il est mort ! »

Cette révélation fit l'effet d'une bombe. Alice et ses amis restèrent bouche bée.

« Oui, autant vous le dire après tout ! En parcourant les faits divers dans les journaux, j'ai appris qu'il s'était noyé.

« Il voyageait sous un faux nom que j'étais seul à connaître. C'est comme cela que c'est passé inaperçu. Le chroniqueur annonçait la "mort accidentelle de Retsinab De Koork". C'était lui. »

Ned voulut savoir si Muir connaissait l'existence du robot.

« Oui. Robert m'avait expliqué qu'il se mettait en marche au son de la voix. Je me suis donc méfié. »

Alice parla des portraits enduits de poison.

« Savez-vous pourquoi ? »

Muir réfléchit avant de répondre :

« Robert m'a dit un jour : je hais toute ma famille, à l'exception de mes parents, de mon frère Thomas et de ma sœur. J'avais de l'amitié pour Robert bien qu'il eût l'esprit dérangé. Il aurait fini, je crois, par sombrer dans la folie. »

L'interrogatoire fut interrompu par des coups frappés à la porte d'entrée. Alice et

Ned allèrent ouvrir. C'étaient Mme Carrier, Thomas Banister, trois policiers et un sergent.

« Ronald Muir est-il ici ? demanda un sergent.

— Oui, répondit Ned. Nous le gardons prisonnier dans la cuisine.

— Parfait ! Nous venions d'être informés qu'il se trouvait à Seyton Hill. »

Alice leur apprit qu'il avait avoué et dénoncé un complice de Robert : Michael Carvy. Le sergent donna l'ordre à des policiers restés sur le terre-plein d'aller arrêter le bricoleur.

Les nouveaux arrivants suivirent Alice à la cuisine. Peu après, Muir partait, solidement encadré par les policiers.

« Pourquoi y a-t-il un trou dans le mur du vestibule et cet étalage de boîtes métalliques sur les marches ? » s'étonna Mme Carrier.

Alice lui raconta ce qui s'était passé. Elle lui montra ensuite l'argent, le bracelet, les flacons de poison.

Quand l'excitation se fut apaisée, la jeune fille annonça à Mme Carrier et à son frère la mort de Robert.

« Il avait le pressentiment de sa fin prochaine, dit Mme Carrier, très émue. C'est pour cela qu'il m'a laissé une lettre et la clef de sa maison.

— Je suis heureux qu'il n'ait pas eu à se présenter devant les juges, ajouta Thomas. Il n'était plus responsable de ses actes quand il s'est lancé dans l'escroquerie. »

Alice et ses amis se taisaient, respectant la peine de Mme Carrier et de son frère.

« Il est une chose que je ne comprends pas encore, dit Thomas. Comment Robert pouvait-il s'introduire dans l'espace aménagé derrière la bibliothèque sans casser le mur ? »

Alice reconnut n'en rien savoir.

« Le robot nous l'apprendrait peut-être. À ce propos, il nous a montré où votre frère avait mis son testament.

— Nous verrons cela plus tard », répondit Thomas.

Ils retournèrent à la cuisine où ils entreprirent d'examiner les bandes encore non utilisées. L'une d'elles était marquée B.

« B pour Bibliothèque ? hasarda Alice.

— Essayons-la ! » répondit Mme Carrier.

Une fois de plus le robot fut sorti du placard. Ned installa la bande. Bientôt le ronronnement familier s'éleva : l'homme mécanique traversa le vestibule, le salon et s'arrêta devant la bibliothèque.

Les assistants le virent lever les bras au-dessus de la tête, pour désigner le haut de la bibliothèque, et les agiter, comme pour faire comprendre qu'il fallait tirer sur cette partie, puis la bande s'arrêta.

« Je vais jeter un coup d'œil », dit Ned.

Il se hissa sur les épaules de Daniel et, agrippant le rebord de la corniche, il tira. Le meuble bougea. Ned sauta à terre et avec l'aide de Daniel le fit rouler dans la pièce, dégageant une porte qui donnait accès au cabinet aux poisons.

« Ce devait être la porte d'origine », remarqua Bob.

Ils repoussèrent le meuble en place et ils entendirent un déclic.

Mme Carrier se tourna vers Alice.

« Comment pourrai-je jamais vous remercier de ce que vous avez fait ? dit-elle.

— Ce n'est rien, répondit vivement Alice. Nous avons été heureux de vous connaître et de résoudre un problème difficile.

— Merci, Alice ! Merci ! Vous avez été extraordinaire ! » s'écria Thomas.

Alice sourit et, posant la main sur le robot, elle demanda :

« Savez-vous qui a vraiment élucidé le mystère ? »

Elle donna elle-même la réponse :

« Ce bonhomme-là ! »

Table

1. Une architecture imprévue 5
2. Le robot 19
3. Une surprenante victime 31
4. Le démarcheur importun 43
5. Au secours ! 53
6. L'atelier souterrain 65
7. L'eau qui brûle 77
8. Le robot revient à l'attaque 89
9. Le souterrain 97
10. Une lettre rassurante 105
11. Un indice précieux 115
12. Nouvelles victimes 125
13. Portraits de famille 137
14. La réalité dépasse l'imagination 147
15. Un coffre-fort imprévu 155
16. Deux suspects 163
17. Mary, la Rivière Chantante 177
18. À l'aide ! 187
19. Le cabinet aux poisons 203
20. Une arrestation mouvementée 209

IMPRIMÉ EN FRANCE PAR HÉRISSEY
n° dépôt légal : 0068-09-1998 – n° imprimeur : 80869
20-9965-3/01 – ISBN : 2-01-209965-3

Loi n° 49-956 du 16 juillet 1949 sur les publications destinées à la jeunesse.
Dépôt légal : septembre 1998.